이모티콘으로
회사를 탈출한 키몽

부업으로도 좋고 본업으로도 좋은 이모티콘 작가 되기

이모티콘으로 회사를 탈출한 키몽

부업으로도 좋고 본업으로도 좋은 이모티콘 작가 되기

키몽(김홍렬) 지음

연필

C O N T E N T S

제3부 이모티콘 제작 입문! 이모티콘 기획의 비밀

평범한 취준생에서 **이모티콘 작가**가 되기까지—
지금까지 고민하고 정리한 내용을 공유합니다

안녕하세요. 저는 다음 웹툰에서 〈키몽툰〉이라는 개그 만화를 그리며, 총 5개의 이모티콘 시리즈를 출시한 창작자입니다. 이제 막 3년 차에 접어든 새내기 프리랜서이지요. 이 글을 쓰기 전에, 저의 짧은 경험이 누구에게 도움이 될 수 있을까, 감히 내가 글을 써도 될까에 대한 고민을 많이 했습니다. 당연하게도, 제가 만든 이모티콘 시리즈보다 훨씬 잘 만드신 분, 혹은 매출이 더 높으신 분, 혹은 연차가 오래되신 작가님들이 많이 계십니다. 그럼에도 불구하고, 제가 이 글을 쓰는 이유는 단순합니다. 아직까지 '이모티콘 제작자'에 대한 정보가 턱없이 부족하기 때문입니다.

너무나도 평범한 진로를 따라 걷던 저의 삶은, 이모티콘 출시로 인해 완전히 변했습니다. 직장인에서 개인사업자가 되었으며, 오피스에서 작업실로 출근하게 되었고, 회사일 대신 제 작업을 하게 되었지요. '이모티콘 제작'이 이토록 큰 변화의 핵심이 될 수 있음에도 불구하고, 이모티콘을 어떻게 만드는지, 수익은 어느 정도인지, 이모티콘 제작자는 어떤 생활을 하는지에 대해서는 많이 알려져 있지 않습니다.

하여, 제가 몇 가지 이모티콘을 출시하면서 고민하고 정리한 내용을 함께 공유해 볼까 합니다. 이모티콘 제작을 '여행'으로 비유한다면, '여행 전문가의 가이드'라기보다는, 먼저 여행을 가 보았던 '친구의 경험담' 같은 느낌으로 편안히 읽어 주시길 바랍니다.

제1부

나의 이모티콘 제작 도전기

매일같이 카카오톡을 사용하며, '이런 이모티콘 있으면 좋겠다.'라는 생각을 한 번쯤 해 본 사람들은 많지만, 막상 '이모티콘 제작'을 도전하시는 분들은 많지 않은 것 같습니다. 그림을 잘 그릴 자신도 없거니와, 생소한 툴과 시스템에 맞추어 전자식 상품을 낸다는 것이 막연히 '전문가들의 영역'처럼 느껴지잖아요. 실제로, '이모티콘 제작'의 장벽은 얼마나 높을까요?

일반인인 나도 할 수 있을까?

카카오는 2011년에 처음으로 이모티콘 서비스를 제공했습니다. 마찬가지로 '이모티콘 제작자'라는 직업 역시 생긴 지 얼마 되지 않았습니다. 현재 잘 자리 잡은 이모티콘 제작자, 회사들 역시 몇 년 전까지는 모두 다른 일을 하고 있었던 사람들인 셈이죠. 그들은 원래 무슨 일을 하고 있었을까요? 제가 통계를 내기는 어려운 일이지만, 제 주변의 작가님들은 주로 디자인, 일러스트, 캐릭터, 웹툰 등 예술계에 종사하거나 전공을 하신 분들입니다. 소위 '이쪽 업계' 사람들인 거지요. 하지만 그렇지 않은 경우도 있습니다. 비전공자이지만 이모티콘 작가이신 어머니를 보고 도전하여 대박을 낸 케이스도 있고, 평범한 회사원으로 지내다가 지원한 이모티콘이 대박이 나서 퇴사하는 사례도 꽤나 많습니다. 그 외에도, 인기를 얻고 있는 이모티콘을 훑어보면, 그림 전공이 아니더라도 톡톡 튀는 아이디어와 유머로 무장한 작품들로 가득합니다. 이러한 작품들은, B급 감성의 수요를 만족시키며 오히려 더 많은 사랑을 받기도 합니다.

낙서 스타일 　　　　　　　 특정 직업/직위 스타일

　사실 이는 정말로 놀라운 일입니다. 예술, 디자인의 분야에서 이렇게 일반인들이 제품을 출시하고, 다른 전공 작가들과 어깨를 나란히 하는 경우는 몹시 드물거든요. 작가로서 경력과 명성을 많이 쌓아야 가능한 갤러리의 개인전이나, 우리가 자주 찾는 편집샵에 진열된 디자인 상품들을 생각해 보세요. 일반인들이 아이디어만으로 갤러리 전시를 하거나, 상품을 만들어 유통하기는 굉장히 어렵습니다. 반면에 '이모티콘'은 어떤가요? 현재 출시된 리스트를 훑어보세요. 굉장히 고퀄리티의 캐릭터도 있고, 심플한데 모션만 좋은 캐릭터도 있고, 그림 없이 텍스트만으로 구성된 것도 있으며, 발로 그린 것 같은데 센스있는 멘트나 이미지로 만들어진 이모티콘도 있습니다. 이렇게 다양한 이모티콘을 만든 사람들이 누구인지 모두 확인할 수는 없지만, 적어도 한 가지는 확실합니다. 이모티콘이 디자인 전문가만의 영역은 아니라는 것이죠.

저 또한, 캐릭터 디자인이나 웹툰, 애니메이션을 전공한 사람이 아닙니다. 저는 건축학을 전공했고, 졸업 후 진로로 설계사무소를 갈 계획을 세우고 있었던 평범한 취준생이었습니다. 건축학과에서 전반적인 그래픽 툴(포토샵, 일러스트레이터)를 다루는 것과 기본적인 디자인 이론을 배운 것은 유용했지만, 사실 그 부분이 이모티콘 출시에 결정적인 역할을 했다고는 생각하지 않습니다. 저 말고도 툴을 잘 다룰 줄 아는 사람은 많으니까요. 결과적으로 저는 일종의 '상업성 있는 아이디어'가 출시에 큰 영향을 주었다고 생각합니다. 그리고 그런 '아이디어'를 떠올리는 것은 디자인 업계의 전문가들보다, 매일같이 카카오톡을 쓰며 이모티콘을 사용하는 우리에게 더욱 쉬운 일일지도 모릅니다.

지금부터 제가 평범한 취준생에서, 이모티콘 제작자 및 웹툰 작가가 되기까지의 과정을 쭈욱 이야기해 보려고 합니다. 이 과정은 결

과만 놓고 보면 전혀 새로운 분야에 진취적으로 도전을 한 것처럼 보이지만, 사실은 그렇지 않았습니다. 원래 주어진 길을 걸으면서 아주 작은 부분을 꾸준히 투자해 왔고, 그것이 원래의 길보다 훨씬 매력적인 형태가 되었을 때, 합리적인 선택을 내린 것이기 때문입니다. 인생을 항해라는 아주 상투적인 비유를 들어 이야기하자면, 행선지가 정해져 있는 커다란 배의 선원으로 지내면서, 자유시간에 틈틈이 개인용 뗏목을 만들었고, 나만의 뗏목이 만들어졌을 때 옮겨 타고 떠난 것이라고 할 수 있겠군요. 저의 사례와 완전히 같을 수는 없겠지만, 이 책을 읽고 계신 독자분들도 그런 선택을 하셨으면 좋겠습니다. 짬짬이 개인 뗏목을 만들어 보다가, 안 되면 뒤로 미루어도 되고, 그것도 아니면 계속해서 큰 배를 타고 항해를 계속해도 되도록 말이에요.

급조 뗏목 (수명 1년/A/S불가)

재미없는 강의 시간에는 상상을 하자

곰곰이 생각해 보니, 제가 이모티콘을 출시하는 데에는 '재미없는 강의'의 역할이 매우 컸습니다.

건축학을 전공한 저는, 졸업을 위해서는 반드시 몇 가지 교양필수, 전공필수 과목들을 수강해야 했습니다. 건축 설계에 흥미가 있었음에도 불구하고, 몇몇 과목은 저에게 굉장한 고문이었습니다. 특히나 건축공학, 부동산학(이건 좀 열심히 들어 놓을걸……), 빌딩 시스템 설계는 최악이었습니다. 전혀 흥미 없는 내용들과, 20년 동안 같은 방식으로 강의하는 매너리즘에 빠진 교수님이 하모니를 이루어 자장가를 부르는 수업이었죠.

하지만, 동시에 이런 수업 시간들은 저에게 훌륭한 명상 시간이었습니다. 지금 생각해 보면 재미없는 수업 시간만큼 '상상'에 집중하기 좋은 환경이 없습니다. 노잼 교수님의 중저음 사운드가 ASMR로 깔리고, 핸드폰을 보거나 친구들과 떠들지도 못하는 제한된 상황에서, 펜과 노트를 앞에 딱 두고 앉아 있는 상황이잖아요. 이러한 환경에서는, 내면으로 깊이, 아주 깊이 몰입함과 동시에, 바로바로 메모 및 낙서로 기록하는 것이 가능합니다.

제가 당시 주로 몰입했던 내용은, '말장난' 아이디어였습니다. 2016년 당시에는 '아재 개그' 시리즈가 크게 유행을 타고 있었습니다. 평소 노잼(재미없는) 이미지로 학교의 후배들에게 온갖 멸시를 받고 있던 저는, 아재 개그로 저의 입지를 끌어올리겠다는 원대한 계획을 세우게 됩니다.

앞 페이지의 그림은 제가 처음으로 만들어 본 창작 말장난 개그 '부엉이'입니다.

이 5컷의 이미지는 연필로 무지 노트에 그린 것을 핸드폰으로 촬영하여, 포토샵에서 한지 느낌이 나도록 조금 손본 것입니다. 저는 몹시 만족스러워하며 이 이미지를 학교 동기들에게 보여 주었습니다. 결과는 어떻게 되었을까요? 네! 그렇습니다! 동기들은 극적일 정도로 엄청난 무반응을 보여 주었습니다!! 평소에 꾸준히 관리해 온 노잼 이미지 때문에 이제 그들은 어떠한 개그에도 웃을 수 없는 몸이 되어 버린 것 같았습니다. 저는 엄청난 좌절감을 느낄 수밖에 없었지요.

칭찬이 있어야 창작을 하든 말든

자신이 가진 재능의 여부를 떠나서, 인간은 어떠한 행위에서든 보상을 바라게 되어 있습니다. 직장을 다니면 월급을, 사랑을 하게 되면 상대방의 사랑을, 심지어 봉사 활동을 하면서도 '나는 누군가에게 도움이 되는 사람이다.'라는 심리적인 성취감을 보상으로 받게됩니다. 그렇다면 창작 활동에서의 보상은 무엇일까요? 프로 작가들의 창작 활동은 즉각적으로 '돈'이라는 보상으로 이어지겠지만, 처음 창작을 시작하는 다수의 사람들은 그렇지 못합니다. 결국, 돈이 아닌 다른 보상이 있어야 지속적으로 창작 활동을 할 동력이 생기는 건데, 저는 그것이 '칭찬'이 아닐까 생각합니다. 혼자만의 성취감만으로는 한계가 있어요. 빈센트 반 고흐도 동생 테오가 옆에서 맨날 부둥부둥 안 해 줬으면 진즉에 그림 때려치웠을 거라고요 분명.

두 시간 정도를 투자해서 만든 5컷 만화 부엉이가 지인들에게 빛을 발하지 못하자, 저는 이 만화를 제 페이스북 계정에 올렸습니다. 이전까지 저의 페이스북 계정은 주로 감성적인 그림을 올리는 곳이었습니다. '좋아요'를 누르는 사람들도 대부분 지인들이었지요. 이곳에 갑자기 '아재 개그' 만화를 올리는 건 나름 파격적인 변화였습니다(물론 남들은 전혀 신경 쓰지 않지만……). 어쨌든, 저는 이 작은 창작에 대한 보상이 필요했습니다. 한 명이라도 재미있다고 인정해 주는 댓글을 보고 싶었어요. 결과적으로, 부엉이 만화는 굉장히 많은 좋아요와 댓글을 받았습니다.

저는 무척이나 신이 났습니다. 처음 보는 사람들이 팔로우도 하고, 재미있다는 댓글을 달아 주셨습니다. 이때, 흔히들 말하는 '따봉맛'을 처음으로 느끼게 된 것이죠. 요즘 흔히 희화화되는 이 '따봉맛'의 위력은 정말 강력합니다. SNS상에서 한번 타인의 관심을 받게 되면, 의식적이든 무의식적이든 간에 다음 게시글은 그들을 신경 쓰게 될 수밖에 없습니다. 그들이 어떤 내용의 게시물을 좋아하는지 생각하게 돼요. 소위 말하는 '나쁜 남자' 같은 존재가 나타나는 거예요. 좋든 나쁘든 간에 자꾸 신경 쓰이는 녀석. 이후로 저는 자연스럽게, 더 잘하고 싶었습니다. 더 많은 사람들이 좋아할 만한 '아재 개그' 만화를 그리고 싶어졌습니다.

창작자에게 SNS는 신의 선물

여기서 잠깐 SNS에 대한 이야기를 좀 하자면, 흔히들 그렇게 말하 잖아요. SNS는 인생의 낭비라고. 저도 그들의 말에 어느 정도 공감 하는 바입니다. 인스타그램이나 유튜브는 정말 멍하니 보고 있다 보 면 시간이 훅 가 버립니다. 특히나 휴일+침대+SNS 콤보는 순식간 에 하루를 소멸시키는 엄청난 위력을 가지고 있죠. 하지만, 그건 어 디까지나 SNS를 소비만 하는 사람들에 한정된 이야기입니다. 반대 로, 창작자의 입장에서 SNS는 엄청난 무대예요. 인생을 낭비해 가 면서까지 여러분의 작품을 봐 줄 용의가 있는 사람들로 가득한 공간 인 거잖아요. 반사회적인, 자극적인 내용으로 관심을 끄려고 드는 진짜 '관심 종자'가 아닌 이상 SNS는 창작에 있어 아주 좋은 순기능 을 담당하고 있습니다.

간혹 '내 작품을 SNS에 올렸다가 누가 표절하면 어떡하나, 또 SNS 올리면 작품 가치가 떨어지는 것 같다.' 이런 식으로 불안해하시는 분들이 있어요. 첫째로 저작권에 관한 불안에 대해 이야기해 보자면, 사실 저는 작품을 업로드하는 것이 오히려 표절을 방지하는 역할을 한다고 봅니다. 먼저 저작권이 언제 발생되는지를 확인해 봅시다.

-저작권법 제10조(저작권)

② 저작권은 저작물을 창작한 때부터 발생하며 어떠한 절차나 형식의 이행을 필요로 하지 아니한다

법률에 따르면, 모든 창작물은 창작한 순간부터 저작권을 가지게 됩니다. 그런데 문제는, 혼자 만들어 놓고 아무에게도 보여 주지 않으면 창작한 시기를 증명할 방법이 없다는 거예요. 만약 누군가가 여러분의 창작물을 그대로 표절해서 "제가 만든 겁니다!"라고 외칠 때, SNS에 미리 올려놓은 게시글이 있다면, 표절 시비가 붙었을 때 유력한 증거가 될 수 있습니다. SNS에 올린 창작물을 누가 보고 표절을 한 거라면 감사한 마음으로 법의 철퇴를 날려 주면 되는 거지요.

두 번째로, 작품의 가치가 떨어지는 것 같다고 생각하시는 분들은, 자신이 대중을 타깃으로 한 창작물을 하고 있는지, 아니면 전문가의 식견을 가지고 있는 사람만이 이해할 수 있는 학술적 창작물을 하고 있는지를 잘 생각해 보셔야 할 것 같습니다. 아마도 대부분은 전자라고 생각이 되는데(이모티콘 창작도 물론이고요), 이러한 경우에는 정말, 좋아요 많이 받는 게 가치를 인정받는 게 되는 거잖아요. 그럼에도 불안해하시는 분들은 대부분, 열심히 만들었는데 반응이 없을 것이 두려운 마음이 있으셔서일지도 모릅니다. 나는 정말 고생해서 만들었는데 아무도 반응해 주지 않으면, 내 창작물이 아무런 가치가 없는 것처럼 느껴질 테니까요. 하지만 반응이 없는 게시글 또한, 그 이유를 연구할 수 있는 정말 좋은 자료가 됩니다. 무조건 안 한 것보다는 나아요. 그러니 너무 깊게 생각하지 말고, 가벼운 마음으로 SNS에 창작물을 많이 올려 보면 좋겠습니다.

이모티콘 공모전

다시 제 이야기로. 돌아와서, 저는 '부엉이 만화' 이후에도 SNS에 꾸준히 다른 '아재 개그'식 만화를 그려 올렸습니다. 다행히 대학교에서도 고학년으로 올라갈수록 '노잼 수업'이 점점 많아졌기 때문에, 더욱 창작에 집중할 수 있었습니다. 그렇게 1년가량 아재 개그 만화를 만들다 보니, 팔로워가 어느덧 1만 명 정도가 되었습니다. 적다면 적고, 많다면 많은 숫자이지만, 어디까지나 이것은 취미의 영역이었죠. 한 푼의 돈도 되지 않았거든요. 그저 사람들이 만화를 봐 주는 게 좋아서 계속 그렸습니다. 그러던 어느 날, 저는 인터넷에서 흥미로운 공모전을 보게 됩니다.

네이버 스티커 챌린지

네이버가 운영하는 일러스트레이션 채널인 '그라폴리오'에서 주최된 작은 공모전이었죠. 그라폴리오에서는 이렇게 종종 작가들이 도전할 수 있는 작은 공모전을 개최했습니다. 공모전의 내용은 대략 이러했습니다.

[1등 상금 500만 원, 우수상은 150만 원. 모든 수상자는 그라폴리오 스티커 마켓에 무료 출시를 진행.]

[12개(1set)의 스티커를 만들어서 제출.]

다른 일러스트레이션 공모전은 높은 그림 실력을 요했던 것에 비해, 이 공모전은 해 볼 만하겠다 싶었습니다. 하지만 문제는 시간이었습니다. 너무 늦게 공모전을 알았던지라 마감일까지는 3일 정도밖에 시간이 없었습니다. 고민하던 저는 단골 국밥집 할머니의 정신을 이어받아 '우려먹기'를 시도하게 됩니다. 여태 그려 온 '아재 개그 만화'에서 웃긴 말장난 소스들을 뽑아내면, 그럴싸한 스티커 한 세트 정도는 만들 수 있을 것 같았습니다!

공모전 마감 당일, 마감을 3시간 정도 남기고 저는 제출 버튼을 누를 수 있었습니다. 하나의 캐릭터가 다양한 감정을 표현하는 것으로 구성된 다른 이모티콘과는 다르게, 여러 가지 동물이 나오는 구성이었던지라 타 제출안들이랑 느낌이 많이 달랐습니다. 이것이 장점이 될지, 단점이 될지는 몰라도 일단은 눈에 띄는 구성이었죠. 제목은 '키몽의 말장난티콘'으로 지었습니다. '키몽'은 제 작가명으로, "제가 만들었습니다!" 하고 알리고 싶었던 마음에 '키몽의'라는 수식어를 붙였던 거지요.

제출을 마친 저는 보람찬 마음으로 침대에 누웠습니다. '그동안 그려 왔던 말장난 만화가 이렇게 쓰일 날이 오는구나!' 뿌듯한 마음으로 카카오톡을 켰습니다. 그리고 친구들에게 메시지와 이모티콘을 보냈습니다.

'이제 제출 끝!! 좀 누워야지ㅎㅎ'

'어……?'

갑자기 눈에 카카오 이모티콘이 들어왔습니다. 제가 네이버의 스티커 공모전을 제출했다는 사실을 알리기 위해 카카오 이모티콘을 쓰고 있는 거예요. 생각해 보면 제가 공모전으로 낸 네이버의 메신저 '라인'은 전 세계적으로 10억 명의 사용자를 가지고 있지만(2016년 발표 기준), 사실 국내에서는 대부분 카카오톡을 사용한다는 당연한 사실을 새삼스레 깨달은 것입니다. 제가 공모전에서 우승을 해서, '동물 짤방 세트'가 출시된다고 해도, 아무도 사용하지 않을 것 같았습니다. 해외 시장을 기대하기에는 한국어 말장난으로 만든 스티커라 번역도 불가능할 거고요. 그러니까, 이 공모전에 제출한 저의 '동물 짤방 세트'는, 아무리 행복 회로를 풀 가동한다 해도 500만 원 상금을 받고 잊혀지는 스티커가 될 수밖에 없어 보였습니다. 아니, 사실 그것도 어렵죠. 보통 이런 공모전에서 우승은 고퀄리티의 흠잡을 데 없는 작품들이고, 제가 만든 실험적이고 약간 부족한 그림의 작품들은 아이디어상 정도가 일반적이잖아요.

제2부

도전, 카카오톡 이모티콘

이쯤 되니까, 공모전이 아닌 진짜 이모티콘 출시를 도전해 보자는 생각이 들었습니다. 당시 카카오 이모티콘 제안서를 내는 시스템은 지금보다 훨씬 폐쇄적이었습니다. 지금은 카카오 이모티콘 스튜디오라는 제안서 전용 사이트가 있고, 신청 방법도 다이어그램으로 굉장히 보기 편하게 가이드가 되어 있지만, 당시에는 B2B 사업 제안 신청서를 제출하는 느낌으로 제안서를 넣어야 했습니다.

카카오톡 이모티콘은 어떻게 출시하는 걸까?

필요한 준비물은 다음과 같았습니다.

① **24종의 이모티콘 정지 이모티콘 이미지**
② 약식 제안서

생각보다 단순한 구성으로 제안을 하도록 되어 있어서 깜짝 놀랐어요. 생각해 보면 사람들이 가볍게 사용하는 디지털 아이템이기도 하니, 복잡한 형식에 얽매일 필요는 없겠다 싶었습니다. 다만 공모전보다 2배 더 많은 24종의 이미지를 필요로 했기 때문에, 저는 재미있는 말장난 요소를 추가로 찾아 더 모으기로 했죠.

1) 카테고리 : 화첼
   메세지: 무지개같아

2) 카테고리 : 분노
   메세지: 저녀석을팬다!

3) 카테고리 : 사과
   메세지: 내가졋소

4) 카테고리 : 슬픔
   메세지: 꼭꺼오옴

5) 카테고리 : 기쁨
   메세지: 저는죠습니다!

6) 카테고리 : 기쁨
   메세지: 자랑자랑

7) 카테고리 : 인사
   메세지: 잘자내꿈펭!

8) 카테고리 : 신남
   메세지: 사재!

9) 카테고리 : 사랑
   메세지: 니가젤좋아!

10) 카테고리 : 인사
    메세지: 곰방와?

11) 카테고리 : 슬픔
    메세지: 개불상..

12) 카테고리 : 신남
    메세지: 하앜

13) 카테고리 : 당황
    메세지: 할말이업네..

14) 카테고리 : 인사
    메세지: 조기퇴근한다

15) 카테고리 : 화첼
    메세지: 개구리네..

16) 카테고리 : 신남
    메세지: 부엉!

17) 카테고리 : 인사

18) 카테고리 : 인사

19) 카테고리 : 인사

20) 카테고리 : 당황

21) 카테고리 :
메세지:

22) 카테고리 :
메세지:

23) 카테고리 :
메세지:

24) 카테고리 :
메세지:

25) 카테고리 :
메세지:

26) 카테고리 :
메세지:

27) 카테고리 :
메세지:

28) 카테고리 :
메세지:

29) 카테고리 :
메세지:

30) 카테고리 :
메세지:

31) 카테고리 :
메세지:

32) 카테고리 :
메세지:

33) 카테고리 :
메세지:

34) 카테고리 :
메세지:

35) 카테고리 :
메세지:

36) 카테고리 :
메세지:

37) 카테고리 :
메세지:

38) 카테고리 :
메세지:

39) 카테고리 :
메세지:

40) 카테고리 :
메세지:

이 이미지들 중 대다수는 이모티콘으로 사용하기에 적합한 편은 아니었습니다. 그 이유를 한번 정리해 보면, 다음과 같습니다.

① 사용성이 떨어지는 메시지가 섞여 있다.

② 애매하게 잘린 느낌의 이미지가 많다.

③ 캐릭터 그림의 아웃라인이 깔끔하지 못하다.

④ 가독성이 떨어지는 작은 텍스트가 포함되어 있다.

위의 내용 중, 사실상 가장 큰 문제가 되는 것은 바로 ①번입니다. ②, ③, ④번의 문제는 수정을 하면 돼요. 하지만 ①번의 경우는, 완전히 새로운 내용으로 교체해야 하는 경우입니다.

몇 개의 이미지들을 살펴볼까요? 예를 들어 '부엉!' 이미지 같은 경우는 술을 먹고 있는 부엉이 그림이죠. 우리가 보통 술자리에서 부어라! 마셔라! 할 때 사용할 듯한 멘트입니다. 하지만, 우리가 보통 술자리에 가면 카카오톡으로 대화를 하지는 않잖아요? 온라인 게임에서 알게 된 유저들끼리의 어색한 첫 모임에서도 그러진 않을 것 같아요. 그렇기에 '부어!!'라는 단어는 보통은 입으로만 사용하는 단어가 됩니다. 물론 은유적인 표현으로, 경사스러운 상황이 생겼을 때 파티하자, 술먹자, 라는 의미로 사용할 수는 있겠지만, 그럴 바에야 그냥 '축하해!'의 의미를 담은 이모티콘이 훨씬 직관적이고 활용도 또한 좋겠죠. 같은 이유로, 술자리에서 사용하는 멘트들을 이모티콘에서 보기는 힘듭니다. 술 먹으러 가자! 정도의 표현이라면 모르겠지만요.

흔한 온라인 정모의 술자리

　그럼에도 불구하고, 당시의 저는 이러한 문제점들을 전혀 알아차리지 못했습니다. 이모티콘 제작이라는 게 워낙에 생소한 장르였고, 제대로 된 가이드가 별로 없었거든요. 또한, 학교에서 공부를 하며 시간을 내어 만든 이모티콘이라 제작에 임하는 저의 자세도 아마추어 수준에 머무를 수밖에 없었던 것 또한 문제였습니다. 제안서에는 제가 그림을 업로드하는 계정을 링크로 추가하였고, "흠흠, 요즘 트렌드인 '아재 개그'를 담고 있는 이모티콘을 만들었습니다!" 식의 문장을 적어 카카오에 제출하게 됩니다.

당시 카카오 이모티콘 시장의 흐름

이쯤에서 잠시, 당시 이모티콘 시장의 흐름에 관해서 이야기를 좀 해 보겠습니다.

제가 이모티콘 제안을 넣었던 것이 2015년 겨울이었으니, 2015~2016년도의 이야기이겠군요. 당시 사람들이 사용하는 카카오 이모티콘의 대부분은 '카카오프렌즈' 시리즈였습니다. 인기 순위의 1, 2위는 항상 '카카오프렌즈' 캐릭터들이 차지하고 있었죠. 그 아래로는 유명 TV 프로그램의 아이돌 사진 이미지를 합성한 이모티콘이나, 이미 사람들에게 익숙했던 '스티키몬스터랩', '에비츄', '바른생활' 캐릭터, 혹은 유명 생활 웹툰 작가의 캐릭터들이 있었습니다. 그러니까, 당시의 이모티콘은 유명 캐릭터, 연예인들의 팬 상품의 개념이 강했던 것 같아요.

이모티콘에서 시작된, 이모티콘만을 위해 만들어진 캐릭터들은 그 숫자가 많지 않았죠. 하지만 점차 이모티콘을 사용하는 구매자 수가 폭발적으로 늘어나고 있었어요. 카카오에서 제공하는 통계 자료에 의하면, 2012년에는 280만이던 누적 구매자 수가, 2015년에는 1,000만이 넘어갔고, 2018년에는 2,000만을 훌쩍 넘겼습니다. 이렇

게 늘어나는 구매자들의 수요에 맞추었던 것인지, 이모티콘 상품들
또한 점점 다양화되기 시작했습니다.

① 이모티콘에 특화된 캐릭터들이 대거 등장(무색의 심플한 캐릭터)
② 이미지 위주의 표현에서, 텍스트가 합쳐진 이모티콘들이 등장
③ 특정 콘셉트로 만들어진 이모티콘들의 등장 '특정 직업/상황/
말장난'

제가 카카오 담당자는 아니지만, 이러한 시기에 맞추어 이모티콘
심사의 기준이나 폭이 많이 변화했을 것이라고 생각합니다. 그런 의
미에서 저는 굉장히 운이 좋은 편이었습니다. 이모티콘의 장르가 확
장되는 시기에 맞추어 '말장난 콘셉트'의 이모티콘을 제안한 것이니
까요(물론 당시 제안을 하던 당시의 저는 아무 생각이 없었습니다만……).

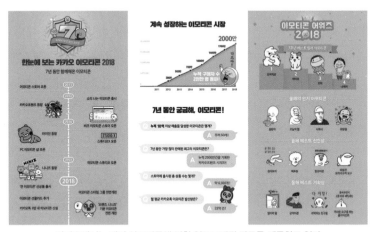

카카오에서는 매년 이모티콘에 관한 인포그래픽 자료를 제공하고 있다

실패로 돌아간 첫 이모티콘 도전

그렇게 첫 이모티콘을 제출한 뒤로, 저는 묘한 기대감을 가진 채 심사 결과를 기다렸습니다. 제안을 제출하고 기다리는 심정을 표현하자면, 로또 사 놓고 토요일을 기다리는 기분이랑 무척 비슷합니다. 뭔가 좋은 일이 생길 것만 같은 기분. 그렇게 설레이는 기분으로 기다린 지 3주 차. 카카오 측에서 메일이 날아왔습니다.

결과는 슬프게도 탈락이었습니다. 카카오의 검수가 어떤 식으로 진행되는지는 대외비로, 구체적인 탈락 원인을 알기는 힘듭니다. 한 가지 확실한 것은 여러 가지 사항을 고려하여 보았을 때 '상품성이 없다'는 결론이 났다는 사실이지요.

　나름 기대했던 제안이 실패로 돌아가자 아쉬움이 컸습니다. 하지만 딱딱한 메시지로 돌아온 탈락 안내 메일을 보고 있으니 이모티콘의 벽은 높아만 보였고, 저는 결국 마음을 정리할 수밖에 없었습니다. 그도 그럴 것이, 당시의 저는 곧 졸업을 앞둔 취준생이었거든요. 주변의 다른 친구들은 이곳저곳에 입사지원서를 넣고 있는 시기였고, 이미 취업이 된 친구들도 있었습니다. 아마 이 시기를 겪어 보신 분들은 잘 알 거예요. 하루하루 초초한 기분으로 취업사이트를 뒤적이면서, 내가 여태 공부해 온 전공이 내 적성에 안 맞는 일은 아니었는지, 취업 후의 나는 정말 행복할 것인지에 대한 걱정조차 사치라고 느껴지는 시기. 이런 시기에 이모티콘을 다시 도전하는 것은 너무 허황된 이야기로만 느껴졌습니다. 저는 설계실로 돌아가, 컴퓨터를 켜고, 취업용 포트폴리오 파일을 열었습니다.

카카오톡 심사에 떨어진 이모티콘입니다

취업 준비를 하면서도 저는, SNS 활동을 멈추고 싶지 않았습니다. 재미있는 말장난 만화를 그려서 올리고, 반응을 보는 것은 제 스트레스를 풀 수 있는 탈출구였거든요. 하지만 그림을 그릴 여유는 점점 더 부족해져 갔습니다. 창작에 큰 도움이 되었던 '노잼 수업시간'도 이젠 모두 종강한 시기였으니까요. 뭐라도 올리고 싶은데…….
생각해 보니까 며칠 전에 탈락한 이모티콘 시리즈가 있는 거예요.

'그래…… 어차피 탈락한 이모티콘인데 이거라도 올려야겠다.'라는 생각이 들었던 저는 '카카오톡 심사에 떨어진 이모티콘'이라는 내용으로 24종의 이모티콘 제안 이미지를 SNS에 업로드 했습니다. 그래도 열심히 만든 이모티콘인데, 누군가 인터넷 짤방처럼이라도 사용해 주면 좋겠다고 생각했어요. 그런데, 이게 꽤나 반응이 좋았습니다. 카카오톡 이모티콘 심사에 떨어졌다는 내용이 묘하게 비운의 작품 같은 느낌도 주고, 왠지 저장해 두면 어딘가에 쓸 수 있을 것 같은 말장난 이미지들이라 그런지 공유도 많이 되고 하더라구요. 어느덧 5천 명 정도 모였던 팔로워분들이 댓글로 응원도 해 주셔서, 탈락하긴 했지만 그래도 만들길 잘했다! 하는 정신 승리를 할 수 있었습니다.

프로불펌러, 그 얄미운 사람들

SNS에 업로드를 하고 며칠 후, 제 페이스북으로 팔로워분의 제보가 들어왔습니다. 다른 페이스북 페이지에서 제 그림을 보았다는 내용이었습니다. 아시겠지만, 페이스북은 그야말로 따봉 무법지대입니다. 여기저기서 이슈가 되고 있는 게시글을 긁어모아 페이지의 덩치를 키우고, 광고 게시글로 수익을 올리려는 양아치들로 가득한 곳이죠. 그런 류의 페이지에서 제가 업로드한 이미지를 긁어 가서 '카카오톡 떨어진 이모티콘'이라는 이름으로 신나게 좋아요 몰이를 하고 있었던 것입니다. 어차피 내가 배포한 이미지인데 뭐, 라는 생각으로 가볍게 그 게시물을 확인해 봤는데, 무언가 조금 이상했습니다. 제가 이미지마다 써 놓았던 'KIMONG' 워터마크만 교묘히 잘라 내서 가져간 것이었습니다.

워터마크는 '이 창작물을 제가 만들었습니다.'라는 유일한 증표인데, 이 부분만 잘라 내서 가져간 것이 아주 괘씸했습니다. 심지어 제가 올린 글보다 좋아요를 훨씬 많이 받고 있었어요! 좋아요 숫자 타령 하는 것이 유치해 보이실 수도 있겠지만, 이게 계속해서 SNS를 운영하다 보면 묘한 집착이 생기게 됩니다. 제가 한 달간 고민하며 만든 이모티콘 이미지로 좋아요 2,000개를 받고 뿌듯해하고 있었건만, 몇 분 만에 게시글을 긁어 간 불펌쟁이는 좋아요를 30,000개나 받고 있다니!!! 으아아아아!!!!

위기는 곧 기회

불펌 게시물은 금방 일파만파 퍼져 나갔습니다. 다른 불펌러들이 2차, 3차적으로 게시글을 퍼 날랐고, 그 글을 본 유저들이 다시 공유를 해 나가는 식이었습니다. 이런 식의 온라인 유머글은 정말 순식간에 퍼지고, 단숨에 소화된 후에 잊혀집니다. 3초 정도 피식 웃고 바로 넘기는 것들. 당연히 누가 제작했는지는 큰 관심사가 아니죠. 안타깝지만 그게 현실이었습니다. 인터넷에 매일같이 흐르는 수많은 밈들 중 하나를 만들었을 뿐, 그 이상도 이하도 아니었습니다. 덕분에 옛 지인들이 '잘 지내냐? 유머 사이트에서 너가 그린 거 봤어ㅋㅋ'라며 안부 문자를 보내왔다는 정도가 유일한 장점이었을까요.

어느 저녁, 저는 자소서에 쓸 스펙들을 정리하다 불펌 당한 이모티콘을 드라마틱한 사례로 써 볼까, 하는 생각을 하게 되었습니다. 에베레스트 등반이나 오지에서의 봉사활동만큼 거창한 경험은 아니었지만, 그래도 많은 사람들이, 3초간 피식 할 수 있는 그림을 그렸다는 것은 꽤나 자랑하고 싶은 포인트였습니다. 저는 그럴싸한 한 줄을 써 보았습니다.

"이것은 콘텐츠 트렌드를 읽는 좋은 경험이 되었고"

더 뭐라고 쓰면 좋을까.

"결과적으로 많은 사람들이 이 '동물 말장난 이미지'를 짤방으로 사용하게 되었습니다."

그러고 보니 이미지가 불펌된 이후로 꽤나 많은 사람들이 '짤방'처럼 그 이미지들을 사용하고 있었습니다. 카카오톡 대화시 이미지를 보낸다든가, 블로그 글을 쓰다가 사이사이에 넣든가, 영상편집의 소스로 사용하든가…….

동시에 자연스럽게, '카카오톡 이모티콘에 있었으면 샀을 텐데 누군진 몰라도 다시 출시에 도전했으면 좋겠다.' 등등, 이모티콘 제안을 다시 해 보라는 의견을 주시는 분들도 많았습니다. 그중에는 현직 이모티콘 작가이신 분도 계셨고요. 갑자기, 자소서에 적을 몇 문장으로 남기기에는 아쉬운 마음이 들었습니다.

두번째 제안… 그리고…

결과적으로 저는 다시 제안서를 넣게 되었습니다. 이번에는 이름을 조금 바꾸었습니다. 동물 말장난티콘이 아니라 '동물 짤방 세트'로요. 그도 그럴 것이 인터넷에서 짤방처럼 사용되기 시작한 이미지가 되었고, 이걸 특징으로 사용하게 된 것이지요. 어떻게 되었냐고요?

안녕하세요. 카카오입니다.

안녕하세요. 카카오 제휴문의 담당자입니다.
먼저 카카오톡 이모티콘에 관심 가져주셔서 감사합니다.

제안주신 콘텐츠를 가지고 심사평가자들이 면밀히 검토한 결과
귀사의 '콘텐츠'는 카카오톡 이모티콘 스토어에 입점이 확정되었습니다. 축하드립니다!

추후 이모티콘 제작에 대한 안내 및 계약 관련된 내용은
저희 파트너사인 '다날'을 통해 연락드리겠습니다.

카카오톡 이모티콘에 대한 깊은 관심과 애정에 감사드리며
다시한번 입점을 축하 드립니다.

혹시 더 궁금한 점 있으시면 언제든지 연락 부탁드립니다.
감사합니다.

- 카카오 드림

2주 후, 놀랍게도 이모티콘 제안이 통과되었다는 메일을 받을 수 있었습니다! 온라인상에 이미지가 많이 퍼진 점이 새로운 강점이 되었고, 이모티콘의 형식에 맞추어 조금 더 다듬고, 정지 스티커가 아닌 애니스티콘으로 변경한 것이 저번과의 차이점이었습니다. 제안

서가 탈락되었던 것이 '이 이모티콘은 영원히 출시할 수 없다.'는 사형 선고라고만 생각했었는데, 조금 더 개선하면 충분히 가능성이 있다는 사실을 알게 되었지요.

한번 탈락한 이모티콘은 영원히 불합격?

　주변에 이모티콘을 도전하셨던 분들의 이야기를 들어 보면, 심혈을 기울여 제안서를 넣었는데 탈락 통보를 받고 포기했다는 분들이 계십니다. 물론 많은 기대를 걸고 제작한 이모티콘이 탈락되면 의욕이 저하되는 것은 당연한 일입니다. 하지만, 제 경우를 포함해 2번~5번 이상 계속 이모티콘을 수정하여 제안서를 넣어 통과가 되는 경우도 꽤나 많습니다. 중요한 부분은, 어떠한 이유로 이모티콘 심사에 떨어졌는지 원인을 잘 파악하는 것입니다. 특히나, 카카오 측에서 불합격한 이유를 세세하게 알려 줄 수는 없기 때문에, 스스로가 '이런 부분을 개선하면 가능성이 있겠다.' 싶은 경우에는 다시 도전해 보는 것도 충분히 좋은 선택일 수 있습니다. 지금은 탈락 메일에 어떠한 탈락의 기준도 적혀있지 않지만, 과거에는 심사의 기준이 되는 요소 중 어떠한 부분이 부족했는지가 기록되어 있었습니다. 총 4가지 요소였는데, 대중화 가능성/차별성/기획력/표현력 이렇게 나뉘어 있었죠. 지금은 기준과 같을지는 모르지만, 그래도 이 기준에 맞추어 몇 가지를 고민해 보면 좋을 듯합니다.

– 출시에 떨어졌을 때 고민해 봐야 할 요소들

① 욕설, 혐오, 표절 등 출시 불가능한 가이드를 충분히 지켰는가?(대중화 가능성)

② 다수가 공감하고 좋아할 만한 매력을 가진 콘셉트인가?(대중화 가능성/기획력)

③ 이미 비슷한 콘셉트의 이모티콘이 많이 출시되지는 않았는가?(차별성)

④ 그림이나 텍스트가 이모티콘의 형태에 적절한가?(표현력)

⑤ 24종의 이모티콘이 실제 다양한 상황에서 쓰이기 좋은 형식인가?(표현력/대중화 가능성)

이렇게 탈락 후에 탈락의 원인을 생각해 보는 것은, 개선하여 재도전을 하는 것이 아니라 새로운 이모티콘을 기획할 때도 무척 중요한 부분입니다. 더 발전된 이모티콘을 만들 수 있도록 해 주니까 말이죠!

회사를 다니며 이모티콘을 만들 수 있을까?

이모티콘 합격 통보를 받는 기분은 약간 뭐랄까, 대학교 합격 메일, 혹은 회사 합격 메일 받는 것처럼 짜릿합니다. 그런데 사실, 합격 이후의 현실도 비슷해요. 처음에는 합격 통보를 받고 모든 고민이 해결된 것처럼 기뻤지만, 실상은 길고 긴 여정의 시작일 뿐이었습니다. 처음이라 아는 것도 많이 없는 상황에서 애니메이팅 작업에 도전하고, 시스템적인 오류나 부족한 부분이 생겨 계속해서 피드백을 하게 되구요. 다만 감사하게도, 카카오 쪽에서 친절하게 검수하며 부족한 부분에 대한 조언을 해 주셔서 끝까지 마무리할 수 있었습니다.

보통은 이모티콘 검수 통과로부터 출시까지 3~4개월이 걸리는데, 저는 처음인데다 모르는 부분도 너무 많아 거의 1년이라는 긴 기간이 지나고 나서야 출시가 가능했어요(저는 분명, 카카오 이모티콘 담당자들에게 있어 골칫거리였을 거예요.). 급기야 중간에는 처음부터 다시 그려야 하는 일도 있었구요. 하지만 그런 섬세한 피드백 덕분에, 이모티콘 출시가 될 즈음에는 훨씬 완성도 높은 이모티콘을 출시할 수 있었습니다.

  합격 이후부터 출시까지의 기간이 생각보다 길어졌기 때문에, 그 사이 저는 취업을 해야 했습니다. 하지만 이모티콘의 합격이 발단이 되어, 저는 전공인 건축 관련업이 아니라 '온라인 콘텐츠 제작' 분야에 취업을 했습니다. 막연하게 취미로만 그려 오던 낙서들과 만화를, 제 업으로 삼게 될 수도 있겠다는 기대가 생겼거든요. 매일 회사로 출근하면서, 여유 시간에는 카카오 쪽에서 주는 피드백을 수정하는 작업을 해 나갔습니다. 생각보다 작업량이 많지 않고, 컴퓨터와 태블릿만으로도 수월하게 처리가 가능해서 퇴근 후에도 충분히 작업할 수 있었습니다. 이때, 정말로 '이모티콘 제작'이 회사원들의 부업으로도 좋겠다는 생각을 참 많이 하게 되었어요.

부업이 필요해

    사회인이 된 이후로 회사를 다니는 친구들을 만나면 항상 하는 이야기 소재 중 하나가 '부업'에 관한 이야기입니다. 우리는 사실상, 회사에서 나오는 월급만으로는 버거운 시대에 살고 있습니다. 매달 꼬박꼬박 몇십만 원씩 넣는 적금으로는 내 집 마련이나 육아는 까마득하게만 느껴지구요. 그래서 언제나 '부업' 이야기는 솔깃하게 들릴 수밖에 없습니다. "누가 공간 대여로. 매달 얼마를 벌고 있다더라, 누구는 온라인 쇼핑몰을 시작했다더라." 하는 이야기요. 하지만 사실, 평범한 일반인은 아무리 좋은 아이디어가 있어도 그것을 사업화하는 데에는 여러 장벽이 있습니다. 상품을 팔고 싶어도 제조가 가능한 공장이 필요하고, 이를 유통할 수 있는 유통망이 필요하며, 제품을 홍보하는 마케팅 또한 필요합니다. 임대업도 마찬가지죠. 초기 투자금이 필요하고, 예상치 못한 상황에 빠른 피드백을 해야 하는 경우도 있구요. 이처럼, 대부분의 부업은 리스크를 수반하는 편입니다.

〈부업 꿍꿍이 모임〉

그런데, 요즘 같은 시대에는 한번 만들어 놓으면 이후에는 원가가 0원에 수렴하고, 클릭 몇 번으로 유통비 따로 없이 사람들에게 배송이 가능한 기적의 상품들이 있습니다. 바로 '디지털 콘텐츠'들이죠.

한 예로, 저는 젊은 사람들이 많이 찾는 '크라우드 펀딩' 플랫폼들을 둘러보다가 깜짝 놀란 적이 있습니다. 크라우드 펀딩은 굉장히 합리적인 시스템입니다. 자신이 진행하려는 프로젝트를 다수의 사람들에게 소개하고, 일정 수준의 후원금이 모이면 그 이후에 프로젝트를 진행하는 식입니다. 그렇기 때문에 상품을 수요 이상으로 생산했다가 발생할 수 있는 손해를 최소화할 수 있습니다. 굉장히 합리적인 시스템이지요? 그렇기 때문에 다양한 창작자들이 이 시스템을 이용합니다. 하지만 이곳에서도, 주문이 많이 들어오면 물품 포장 및 배송이 여간 번거로운 것이 아니에요. 원래부터 상품을 판매하는 전문 사업자가 아니라면 생각 이상의 품이 듭니다. 그리하여 때때로 배송이 늦어지는 사고가 벌어지기도 하고요. 그런데, 이곳에서 처음 보는 형태의 상품을 판매하는 팀이 있었습니다. 바로 '3D 건물 모델링'이었습니다.

이 프로젝트의 주축이 되신 '엘프화가' 님은 평소에 웹툰 제작에 관련된 강좌 일을 하시며, 제작에 유용한 오픈소스를 많이 공유해 주셨던 작가님입니다. 이 프로젝트 또한, 웹툰 배경 작업에 사용되는 3D 모델링을 판매하는 것이었습니다. 기존에도 웹툰 소스용 3D 모델링을 판매하시는 분들이 없었던 것은 아니지만, 보통은 1대1 거래로 진행되었습니다. 한 개의 모델링을 작업하면 어떤 다른 한 사람이 그 사용권을 독점적으로 구매해 가는 식이었죠. 그만큼 가격 또한 비싸서 수십만 원, 많게는 백만 원이 넘는 경우도 많았습니다.

연재 준비를 하는 예비 작가님들에게는 부담스러운 가격이었죠. 그런데, 이것을 다른 개념으로 변환시켜 판매하기 시작한 것입니다. 독점 사용권이 아닌 이 상품을 구매한 모든 구매자가 사용이 가능한, 공동 사용권으로 말이죠. 구매자 입장에서는 나만 사용하는 배경은 아니게 되었지만, 3만 원이라는 말도 안 되게 저렴한 가격으로 이용이 가능하게 된 것이죠. 제작자 또한, 한 명에게 독점 판매하는 것 이상의 금액을 손에 넣을 수 있게 되었구요. 저는 충격을 받았습니다. 구매자도 판매자도 윈윈하는 최고의 상품처럼 느껴졌거든요. 이러한 디지털 상품은 원가가 제로에 수렴하고, 배송 또한 메일로 파일을 보내는 것으로 간편합니다. 부업으로도 굉장히 이상적이고요.

디지털 콘텐츠, 그중에서도 이모티콘!

　이러한 형태의 '디지털 콘텐츠'는 그 외에도 여러 가지 유형이 있죠. '유튜브 영상'도 그렇고, '디지털 음반'도, 그런 식이지요. 당연하게도, 저희가 이야기하고 있는 '이모티콘'도 포함이 됩니다. 이 중에서도 이모티콘이 가지는 장점을 말하자면, 전 국민의 대다수가 사용하면서도 제작에 있어 '적절한 장벽'이 있다는 점입니다. 제작 과정이 생소하여 다들 선뜻 시도할 마음을 먹지 못하지만, 막상 진행해 보면 일반인들도 충분히 제작이 가능한 수준이라는 점이죠. 매력적인 이모티콘을 제안해 통과만 된다면, 무조건적으로 신규 이모티콘에 상단 노출이 될 수 있다는 점 또한 장점입니다. 매일매일 8개의 신규 이모티콘이 새롭게 등록되는데, 이 이모티콘들은 신규 이모티콘 탭에 순차적으로 노출이 됩니다.

　매일매일 콘텐츠가 쏟아지는 다른 플랫폼에 비하면 훨씬 정제되어 있는 편입니다. 신규 이모티콘 노출로 인기를 얻으면, 인기 이모티콘 순위에서 장기간 자리 잡을 수도 있구요. 이모티콘을 혼자서 하는 사업이라고 보면, 상품만 잘 만들 수 있으면, 유통과 마케팅이 자동으로 해결되는 시스템이라고 볼 수 있는 것입니다.

이렇게 '이모티콘은 부업으로 참 좋겠다.' 하고 생각하며 회사를 다니던 저는, '동물 짤방 세트'를 출시하고 난 후에 바로 퇴사를 결정하게 됩니다. 왜 그렇게 빠른 퇴사를 결정했냐구요? 막연하게 제가 생각하던 것보다도 이모티콘의 수익이 훨씬 높았거든요. 하루 만에 회사 세 달치 월급 정도의 수익이 났습니다. 인기 이모티콘 순위 3위~5위 안에서 이 정도였으니까, 1, 2위 이모티콘은 어떨지 짐작도 가지 않더라고요. 카카오에서 제공한 자료에 의하면, 2017년에 10억 이상의 수익을 낸 작가분이 24명이나 된다고 합니다. 저에게 있

어 회사는 창작 활동을 위한 버티기 수단 정도의 의미였기 때문에, 이모티콘 수익이 난 후에는 퇴사를 하고 창작 활동에 전념하자는 결심을 할 수 있었습니다.

감사하게도 비슷한 시기에 아재 개그 만화 시리즈를 좋게 봐 주신 다음 웹툰 피디님이 연재 제안을 주셨고, 결과적으로는 웹툰을 연재하며 간간이 이모티콘을 출시하는 어엿한 프리랜서 작가의 삶을 살아갈 수 있게 되었습니다.

저는 창작 활동을 버티기 싸움이라고 생각합니다. 가치 있는 나만의 것을 만드는 것이 하루아침에 되지 않잖아요. 사람들이 알아주는 위치에 오르기 전까지, 스스로 자기 작품의 가치를 믿고 쌓아 나가야 합니다. 성인이 되고 난 후에는, 버티기 싸움은 더욱 고독해집니다. 어엿한 사회인으로서 구실을 해야 한다는 현실적인 압박이 크게 다가오거든요. 당장 집값, 밥값이 없는데 자기만의 작품을 만들면 돈은 따라올 것이라는 믿음은 초라하게만 느껴지고요. 제 주변에도 이러한 버티기 싸움에서 결국 현실적인 선택을 하게 되는 친구, 지인들이 많이 있었습니다. 조금만 더 여유가 있었더라면 세상에 단 하나뿐인, 빛나는 작품을 낳을 수도 있었던 경우들이요.

저는 종종 이런 지인들에게 이모티콘 제작에 관한 이야기를 꺼내곤 합니다. 비슷한 상황에서 우연히, 도전하게 된 이모티콘 제작이 저에게는 창작을 계속할 수 있는 든든한 버팀목이 되었으니까요. 정말로 이모티콘에 도전하여 출시에 성공한 지인도 있었지만, 보통은 너무 막연하게만 느껴져 그만두는 경우가 대부분이었습니다.

그래서, 저는 이 글이 그런 분들에게 '나도 할 수 있겠다.' 싶은 용

기와 함께 구체적인 가이드가 될 수 있었으면 좋겠습니다. 구구절절
하게 저의 사례를 이야기로 풀었던 것도 그러한 이유입니다. 재미있
는 아이디어와 창작 욕구가 있으신 분이라면, 꼭 이모티콘 출시에
도전해 보세요. 가볍게 부업으로 도전하셔도 좋고, 그렇게 하여 재
미와 흥미를 발견하셨다면 본업이 될 수도 있고요. 어느 쪽이든, 충
분히 도전할 만한 가치가 있다고 말씀드리고 싶습니다.

제3부
이모티콘 제작 입문!
이모티콘 기획의 비밀

1부와 2부에서 이모티콘을 출시하게 되기까지의 이야기를 풀어놓았다면, 지금부터는 구체적으로 이모티콘을 어떻게 제안하는지, 또한 새로운 이모티콘을 만들 때 유용한 팁은 어떤 것이 있는지에 대한 이야기를 풀어 보려고 합니다. 함께 읽으면서, 자신만의 이모티콘을 구상해 보고 제안을 넣을 수 있으셨으면 좋겠습니다.

0. 이모티콘 제안하는 방법과 그 과정

2017년부터, 카카오에서는 누구든지 이모티콘을 쉽게 제안할 수 있도록, '카카오 이모티콘 스튜디오'라는 홈페이지를 오픈했습니다. 이전의 이모티콘 제안은 카카오에게 사업 제안 형식의 메일을 보내는 형태로, 상대적으로 폐쇄적인 편이었죠. 이모티콘 시장이 성장함에 따라, 더욱 많은 사람들이 좋은 아이디어로 제안을 넣을 수 있도록 개선된 것입니다.

스튜디오에서 제안하고, 스토어에서 판매해보세요

새롭고 다양한 이모티콘이 더 많은 사용자를 만날 수 있도록 아래와 같은 과정을 거칩니다.

| 이모티콘 제안하기 | 이모티콘 심사 | 상품화 | 출시 후 판매 |
| 이모티콘 시안을 제작하여 상품 유형에 맞게 제안하세요. | 제안을 심사하는 동안 기다려주세요. (약 2주 내외 소요) | 심사 통과된 제안을 실제 상품으로 준비합니다. | 이모티콘을 출시하고 스토어에서 판매해보세요. |

카카오답게 노랑노랑한 그림으로 잘 설명되어 있음

제안은 세 가지로 넣을 수 있습니다.

움직이는 이모티콘

24종으로 구성된 움직이는 이모티콘을 최종적으로 완성하는 형태. 출시되는 대부분의 이모티콘은 이 형태로 구성됩니다. 애니매이팅 작업을 요구하기 때문에 멈춰 있는 이모티콘에 비해 진입 장벽은 높은 편이지만, 그만큼 더 매력적인 상품을 만들 수 있는 편입니다.

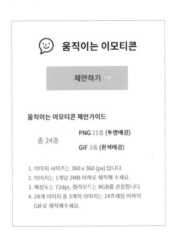

멈춰 있는 이모티콘

32종으로 구성된 멈춰 있는 이모티콘을 최종적으로 완성하는 형태. 진입 장벽이 낮고 움직이는 이모티콘에 비해 더 다양한 감정 표현을 만들어 낼 수 있다는 장점이 있습니다. 정지 이미지라서 심심한 느낌도 들지만, 낙서의 느낌을 내는 B급 이모티콘의 경우에는 이쪽이 더욱 콘셉트를 살리는 경우도 있습니다.

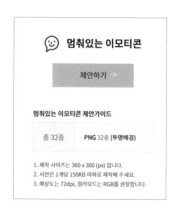

큰 이모티콘

최대 540(px)의 사이즈로 16종의 움직이는 이모티콘을 작업하는 형태. 작은 이모티콘들에 비해 표현의 폭이 더욱 넓고 극적인 애니메이팅이 가능하다는 장점이 있습니다. 판매 가격도 그에 맞추어 비싼 편입니다(3,300원). 새롭게 오픈된 지 얼마 되지 않았고, 사이즈가 크기 때문에 초보자들이 도전하기에는 장벽이 있는 편입니다.

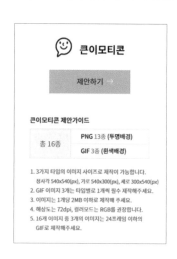

위의 셋 중 자신의 이모티콘 콘셉트에 맞는 형태로 제작을 하여, 움직이는 이모티콘은 모션 샘플 3개와 정지 시안 21개, 멈춰 있는 이모티콘은 24개의 정지 이미지, 큰 이모티콘은 모션 샘플 3개와 정지 시안 13개를 간단한 기획서와 함께 제출을 하면 되는 형식입니다. 일단 기획서에 대한 이야기는 뒤에서 다루는 것으로 하고, '어떤 이모티콘을 만들어야 할까?'에 대한 고민을 먼저 시작해 봅시다.

이모티콘 제작의 시작!

캐릭터 중심의 이모티콘인가 콘셉트 중심의 이모티콘인가? 카카오에서 공식적으로 이모티콘을 분류하고 있지는 않지만, 저는 카카오이모티콘이 크게 두 종류로 나뉜다고 생각합니다. 바로 캐릭터가 중심이 되는 이모티콘과 콘셉트가 중심이 되는 이모티콘으로 말이죠. 이 분류법에 의하면 각 이모티콘은 다음과 같은 특징이 있습니다.

분류	캐릭터 중심 이모티콘	콘셉트 중심 이모티콘
이미지	특정한 메인 캐릭터가 있다	콘셉트를 위한 이미지,텍스트, 혹은 다양한 캐릭터가 등장한다
텍스트	심플하거나 적다	독창적이고 구체적인 텍스트
애니메이션	캐릭터의 움직임이 잘 드러나는 웰메이드 모션	정지 이미지, 혹은 반복, 심플한 모션
사용성	범용적	특수, 제한적
확장성	높다	낮다
예시	멍무이/더미덤	이과티콘/동물짤방세트/한본어콘

캐릭터 중심 이모티콘과 콘셉트 중심 이모티콘의 특징

주의하셔야 할 점은, 캐릭터와 콘셉트는 공존한다는 점입니다. 캐릭터 이모티콘이라고 해서 콘셉트가 없는 것이 아니고, 콘셉트 이모티콘에도 캐릭터가 있습니다. 다만 어느 쪽에 집중하고 있는지의 차이일 뿐이죠. 이모티콘 제작에 앞서 이렇게 두 가지로 분류하는 이유는, 어느 쪽인가에 따라 제작 방식이 명확히 차이가 나기 때문입니다. 캐릭터 이모티콘의 경우 매력적인 캐릭터를 먼저 디자인한다면, 콘셉트 이모티콘의 경우 콘셉트에 맞는 메시지를 먼저 구성합니다. 분류에 따라 필요한 역량도 다릅니다. 캐릭터 이모티콘은 디자이너적인 역량이 주로 요구된다면, 콘셉트 이모티콘은 광고기획자, 마케터적인 역량이 필요한 편이지요.

저는 처음 이모티콘을 시작하시는 분이라면 콘셉트형 이모티콘을 기획해 보는 것을 추천합니다. 가장 큰 이유는 처음 시작해도 '대등한 경쟁'이 가능한 형태이기 때문입니다. 처음 만든 캐릭터로 인지도가 있는 캐릭터들과 승부를 보는 것은 너무 어려운 일이에요. 사람들은 비슷한 사용성, 비슷한 수준의 디자인으로 만들어진 캐릭터 이모티콘 사이에서 '친숙한' 캐릭터에게 끌리기 마련입니다. 인터넷에서, TV에서, 웹툰에서 봐 와서 익숙한, '기득권' 캐릭터가 유리할 밖에 없어요. 반면 콘셉트 기획이 확실한 이모티콘은, 캐릭터 자체보다는 텍스트나 기획에 집중합니다. 예를 들어 '깐죽거리는 남동생' 콘셉트의 이모티콘은 이 '남동생' 캐릭터가 기존의 다른 매체에 나왔는지의 여부보다 내가 실제로 깐죽거리면서 사용하기 좋은 메시지가 어떤 것들이 있는지에 더 집중하게 되는 식이지요.

뭐 대충 이런 말들이 유용할 것 같은 남동생콘

하여, 이 글에서의 작법은 '콘셉트 중심 이모티콘'에 더욱 적합하게 구성해 놓았습니다. 콘셉트형 이모티콘의 핵심은, 카카오톡 대화에 적합한 콘셉트 기획과 메시지를 우선적으로 작업하고, 캐릭터는 그 콘셉트와 메시지를 극대화시킬 수 있는 형태로 그려진다는 점입니다.

작업의 단계를 6개로 나누어 보면, 대략 이렇게 볼 수 있습니다.

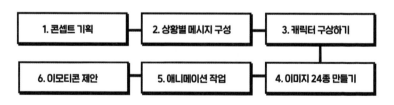

자 그럼, 지금부터 이 여섯 개의 단계에 맞추어서, 이모티콘 제작에 대한 나름의 팁과, 제가 느꼈던 부분들을 풀어 나가 보겠습니다.

1단계 콘셉트 기획 단계

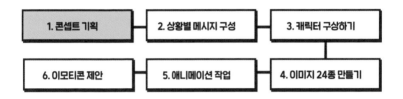

2011년 11월, 처음 이모티콘 스토어가 만들어졌을 때, 최초로 시작한 6개의 이모티콘은 강풀, 낢, 이말년, 노란구미 등 웹툰 작가의 캐릭터 4종과 뿌까, 배드바츠마루 등 유명 캐릭터 2종, 이렇게 총 6개 이모티콘이었습니다. 처음 플랫폼이 생길 때에는, 보통 이렇게 인지도 있는 콘텐츠를 제작자들을 다수 섭외하여 시작하는 것이 보통이지요. 이때까지만 해도, 이모티콘의 개념은 '캐릭터 상품의 한 종류'의 느낌이 강했습니다. 하지만, 지금의 이모티콘 시장은 어떤가요? 사람들은 원래 알고 있던 캐릭터이기 때문에 이모티콘을 구매하는 것 이상으로, 처음 보는 캐릭터라도 대화에 유용하거나 재미있게 쓰일 수 있는 이모티콘을 찾습니다. 캐릭터를 이모티콘으로 만드는 것이 아니라, 이모티콘을 위한 캐릭터를 만들게 된 것이죠. 다시 말하자면, 이모티콘에 있어서 '콘셉트 기획'이 가지는 중요성이 점점 더 커지고 있는 것입니다.

1. 콘셉트 아이디어를 얻는 습관들

하지만, 막상 이모티콘 기획을 '시작'해야겠다고 마음먹으니 막막하기만 합니다. 좋은 아이디어가 갑자기 튀어나오는 것도 아니고, 생각해 두었던 아이디어가 정말로 좋은 아이디어인지에 대한 확신을 갖기도 어렵습니다. 그래서, 저는 평소에 기획에 도움이 될 수 있는 몇 가지 '습관'을 만들어 놓는 것이 중요하다고 생각합니다. 아래의 내용들은, 제 나름대로 생각해 본 기획에 좋은 습관들이에요.

① 매일 이모티콘 인기 순위 확인하기
② 인터넷 유머 중 재미있는 것들 저장하기
③ 다양한 말투, OO체를 찾아 기록하기
④ 이모티콘 구매자 입장에서 생각해 보기

이 습관들을 베이스로 하여, 떠오르는 좋은 생각이나 발견한 자료들을 틈틈이 메모하고 기록해 놓아 봅시다. 분명히 좋은 이모티콘 기획의 베이스가 되어 줄 것입니다.

(1) 매일 이모티콘 인기 순위 확인하기

공모전에 도전해 본 적이 있는 분들은 아실 거예요. 공모전 주제를 파악하고, 구체적인 사항들을 잡아 나가기 전에 꼭 체크해야 하는 것이 있다는 사실을. 바로 역대 공모전 수상작들을 열람하는 것입니다. 시험 공부를 할 때도 비슷하죠. 과거의 기출문제를 푸는 것이 큰 도움을 줍니다. 이모티콘의 경우도 크게 다르지 않습니다. 핸드폰으로 버튼만 몇 번 누르면, 오늘 어떤 이모티콘이 나왔는지, 또 지금 가장 인기 있는 이모티콘이 무엇인지를 확인해 볼 수 있습니다. 이모티콘 인기 탭에 가 보면, 전체 순위와, 10, 20대가 좋아하는 인기 순위, 30, 40대가 좋아하는 인기 순위가 따로 구분되어 있죠. 굳이 이렇게 따로 구분을 해 놓은 것을 보면, 우리는 연령대에 따라서 이모티콘 취향에 차이가 있다는 점을 알 수 있습니다. 더 나아가서 각각의 순위를 체크해 보았을 때 어떤 이모티콘이 나이에 구애받지 않고 사랑을 받고 있는지, 어떤 이모티콘이 나이에 큰 영향을 받고 있는지를 확인해 볼 수도 있습니다. 완벽히 객관적이라고 판단할 수는 없어도, 이런 순위들을 매일 확인해 보는 습관을 가진다면, 어떤 이모티콘들이 사랑받고 있는지에 대한 감을 기를 수 있겠죠. 저도 매일같이 이모티콘 순위 '눈팅'을 하면서, 나름의 분류를 해 볼 수 있었습니다. 아래는 저의 주관적인 판단이 들어가 있을 수 있으니 참고만 해 주세요.

연령에 따른 인기 이모티콘의 경향 (지극히 주관적일 수 있음)	
1020에게 사랑받는 이모티콘	-세련된 유행어를 구사하는 이모티콘 -한 종류의 정지 이미지나 낙서 같은 B급 감성 이모티콘 -심플한 이미지에 색을 적게 쓴 귀여운 이모티콘
3040에게 사랑받는 이모티콘	-엄마, 아빠, 아주머니, 아저씨 등 어른을 대변하거나, 완전 아기형 이모티콘 -긍정적인 안부 글, 좋은 말을 전하는 이모티콘 -다양한 색이 들어간 컬러풀한 이모티콘

이 외에도, 실시간으로 어떤 이모티콘이 가장 많이 팔리고 있는지 또한 확인이 가능합니다. 이모티콘 탭 위의 돋보기 아이콘을 클릭하면, 원하는 이모티콘을 검색할 수 있는 검색창과 동시에, 실시간으로 집계된 판매 순위 리스트를 1위부터 21위까지를 확인할 수 있습니다. 이렇게 한 1~2주 정도 이모티콘 인기 순위를 확인하다 보면, 어떤 이모티콘이 인기를 얻고 있는지가 슬슬 파악이 될 것입니다. 뿐만 아니라, 내공이 쌓이면 어떤 이모티콘이 꾸준히 인기 순위를 지속하고 있는지도 파악할 수 있을 거예요.

보통, 유명 아이돌을 이모티콘으로 만든 케이스는 하루 이틀 상위권을 유지하지만 이후에는 순위가 많이 떨어집니다. 특정 팬덤들이 주로 구매하는 이모티콘이기 때문이에요. 반면에, 인지도도 없고 따로 홍보도 안 하는데, 처음에는 10위권 밖에 있었다가 슬금슬금 올라와서 10위권을 오래도록 유지하는 이모티콘들도 있습니다. 제 생각에는 이런 타입이 정말 좋은 이모티콘이라고 생각합니다. 처음에는 인지도가 없어 바로 상위권에 들지 못해도, 알아보고 구매한 사람들이 계속 지인들에게 사용하게 되면서, "오 이거 좋네." "나도 살래!"의 반응을 보인 주변의 지인들이 구매하면서 널리 퍼지는 거죠. 이런 류의 이모티콘들을 보면서 어떤 것이 사용자들의 호감을 사게된 걸지를 생각해 보면 도움이 많이 됩니다.

마지막으로, 신상 이모티콘을 보며 순위를 예측해 보는 것도 도움이 많이 됩니다. 보통 신상으로 이모티콘이 출시되면, 다음 날부터 인기 순위에 반영이 됩니다. 이것이 반영되기 전에 어떤 이모티콘이 사람들에게 더 반응이 좋을지를 예측해 보는 겁니다. 자신이 잘 만들었다고 생각한 작품이 다음 날 인기 순위에 상위권에 위치하고 있다면, 그만큼 사람들이 좋아하는 이모티콘을 보는 눈이 있다는 것이겠지요?

(2) 인터넷 유머 중 재미있는 것들 저장하기

이모티콘에도 트렌드가 있습니다. 특히나 10, 20대의 경우 유행어나 짤방 이미지를 카카오톡 대화에 많이 사용하는 편이지요. 만약 여러분이 매력적인 캐릭터, 유머러스한 감정 표현을 어떻게 구성해야 할지 막막하다면 인터넷 유머, 짤방들을 열심히 정독하는 것이 도움이 됩니다. 유머게시판 내에서 이모티콘에 도움이 되는 유머글은 어떤 종류가 있을까요?

–짤방류

게시판에서 '짤림 방지용'으로 함께 올리던 웃긴 이미지들을 일컫는 '짤방'은 이제 '인터넷상에서 돌고 도는 이미지 파일'을 뜻하는 의미로 쓰이고 있습니다. 이제는 꽤나 보편화된 장르로, 전문적으로 짤방을 만드는 사람(소위 짤쟁이)이나 이걸 열심히 줍는(짤줍) 사람들도 꽤나 많지요. 짤방 이미지는 정말 다양하지만, 특히 유명한 짤방들은 이모티콘에서도 패러디의 단골 요소로 쓰이고 있습니다.

이런 명짤들은 이모티콘에서 자주 패러디되었죠

　사람들은 익숙한 것에 반응합니다. 짤방 패러디는, 처음 이모티콘을 만드는 제작자도 사람들에게 익숙하게 다가갈 수 있는 중요한 요소 중 하나이지요. 이는 반대로, 양날의 검이기도 합니다. 첫째는 그만큼 누구든지 흉내낼 수 있는 요소라는 점, 둘째는 패러디의 수준을 넘어 표절의 문제에까지 도달할 수 있다는 점이지요. 이모티콘 시장이 커지기 전에는 표절과 패러디의 기준이 애매한 채로 남아 있었지만, 몇몇 이모티콘들의 표절 문제가 드러난 이후로 그 기준은 더욱 엄격해지고 있습니다. 이것을 잘 인지하고, 짤방을 그대로 표현하기보다는 그 발상법과 콘셉트를 자신만의 스타일로 잘 소화할 수 있는 이모티콘을 만들어 보길 바랍니다. 참고로 팁을 드리자면, '나무위키'의 짤방/분류 탭을 들어가 보면 역대로 유명했던 짤방 시리즈들을 가나다순으로 정리해 놓았으니, 한번 둘러보기를 권합니다.

짤방/목록

분류: 짤방

• 나무위키에 문서가 작성된 유명한 짤방의 목록. 분류:짤방으로 대체 예정. 가나다순으로 배열한다.

목차

1. 0~9
2. A~Z
3. ㄱ
4. ㄴ
5. ㄷ
6. ㄹ
7. ㅁ
8. ㅂ
9. ㅅ
10. ㅇ
11. ㅈ
12. ㅊ
13. ㅋ
14. ㅌ
15. ㅍ
16. ㅎ
17. 토막글 분량
    17.1. ㄱ~ㄹ
    17.2. ㅁ~ㅅ
    17.3. ㅇ~ㅊ
    17.4. ㅋ~ㅎ
18. 관련 문서

짤방류를 다 정리해 놓은 B급 문화의 보고, 나무위키의 위엄

-직업/성격별 공감 유머

다양한 유머글 가운데에서도, 이모티콘 제작에 아주 밀접한 영향을 미치는 유머를 하나 꼽는다면,

바로 직업/성격별 특징, 공감요소를 모아 놓은 유머라고 할 수 있습니다. 각 성격이나 직업이 가지는 보편적인 특징들을 가볍고 풍자적인 형태로 보여 주니까요! 예를 들어, 유머 게시판에서 흔히 보이는 '복학생 특징 모음' 등의 게시글이 있다고 가정합시다. 내용은 아마 이런 식일 겁니다.

① 철 지난 유행어나 행동을 트렌드인 줄 알고 행함

② 여후배 앞에서 센 이미지를 유지하려 노력함

③ 간간이 군대식의 용어를 사용함 등등……

물론 모든 복학생이 이런 식은 아니지만, 우리는 이를 통해 '복학생 오빠'라는, 어째서인지 한 명은 주변에 꼭 있을 법한 유머러스한 캐릭터를 쉽게 연상할 수 있게 되는 것이죠. 이를 이모티콘에 녹여내어 '복학생 오빠티콘'을 상상해 볼 수도 있고요.

ㅎ..하이루- 이거 최신 유행어지?

여어- 이쁜이 오빠 왔다구-

근데 요즘도 진짜 이런 복학생들 있나요

-게시물의 댓글

유머 게시글을 네티즌들에게 던진 메시지라고 한다면, 달린 댓글들은 메시지에 대한 답장이라고 볼 수 있습니다. 요즘 대부분의 커뮤니티 사이트에는 댓글에 또 댓글을 다는 대댓글 기능도 있죠. 댓글들을 읽고 있노라면, 네티즌들이 참여한 '거대한 오픈 채팅방'을 보는 것 같습니다. 물론 대부분의 댓글이 'ㅋㅋㅋㅋ' 아니면 'ㅎㅎㅎ ㅎ'임에도 불구하고, 중간중간 적절한 짤방 이미지나, 자주 쓰이는 유행어를 사용하는 모습을 적지 않게 볼 수 있거든요.

　이렇게 유머 게시판에서 찾은 개성있는 댓글, 짤방, 유머들을 잘 메모해 놓는다면, 다수가 공감할 수 있는 재미있는 이모티콘 만들기에 도움이 될 것입니다. 홍수처럼 쏟아지는 인터넷 유머 사이에서, 나만의 이모티콘을 만들 수 있는 원석들을 잘 건져 내시길 바랍니다!

(3) 다양한 말투, OO체를 찾아보자

　　과거의 이모티콘은, 이모티콘 자체에 텍스트가 들어가는 형식을 선호하지 않았습니다. 애초에 말로 담을 수 없는 표정, 행동 등 이미지를 표현하기 위해 만들어진 게 이모티콘인데, 텍스트가 또 들어가 있는 건 웃기잖아요. 하지만 요즘은 이모티콘의 개념이 확장되면서, 이모티콘은 단순히 순간 표현되는 이미지를 넘어서 이제 나를 표현하는 '아바타'처럼 사용되고 있습니다. 그런데, '나'라는 캐릭터를 보여 줄 수 있는 풍부한 장치들 중에는 말투 또한 중요한 요소입니다. 우리는 나이, 직업, 문화 차이, 성격 등에 따라 다른 말투를 사용하니까요. 그래서인지, 요즘은 캐릭터에 텍스트가 함께 들어간 이모티콘이 더 많이 보일 정도로 '텍스트'의 비중이 커졌습니다. 이모티콘에 있어서 다양한 말투를 잘 활용하는 것은 아주 중요한 콘셉트가 될 수 있는 거지요. 다음의 도표는, 제가 나름의 기준에 따라 나누어 본 다양한 문체입니다.

나이	직업	문화
옹알이체	선생님체	번역체
급식체	군인체	꺾기도체
중2병체	BJ체	오덕체
아재체	엄마체	야민정음체
노땅체	직장인체	한본어체
	알바체	연서복체
	돌쇠체	하오체
	마님체	음습체
	조교체	냥냥체

이러한 문체들을 여러분이 만들 이모티콘의 개성을 강화시키는 하나의 요소로 잘 정리해 놓는다면, 더 풍성한 기획에 도움이 될 것입니다.

(4) 이모티콘 구매자 입장에서 생각해 보기

이모티콘 제작을 도전하는 분 중에 카카오톡을 쓰지 않는 분은 없을 것입니다. 건축가가 건물을 짓기 전에 대지 분석을 하듯, 여러분이 설계할 이모티콘이 뛰놀 무대인 카카오톡 대화창을 분석해 보는 것은 너무나도 당연한 절차 중 하나겠지요. 우리들의 카카오톡 대화 목록에는 다양한 대화 상대가 있습니다. 직장 상사와의 대화, 부모님과의 대화, 친구들과의 대화, 조별 과제를 위한 대화, 혹은 예약 및 주문을 위해 가게 주인과 나눈 형식적인 대화까지도요. 당연한 이야기지만, 대화 상대에 따라 우리는 다른 말투, 다른 반응을 보입니다. 연인에게는 귀엽고 애정 넘치는, 친구들과는 장난스러운, 업무 관계에선 사무적인 말을 사용하죠. 이러한 대화 목록들을 훑어보다 보면 ⑶번에서 말한 특수한 문체를 발견할 수도 있고, 내가 대화창 안에서 어떤 캐릭터로 보이는지를 생각해 볼 수도 있습니다. 친구들을 감쪽같이 속이는 '기만자' 캐릭터일 수도, 혹은 단톡방의 왕고 '어르신' 캐릭터일 수도 있습니다. 이러한 캐릭터를 잘 찾아낸다면 이모티콘 기획의 뿌리를, 생각보다 쉽게 찾아낼 수도 있겠습니다.

시험기간 카톡창에는 다양한 기만자들이 속출한다.

2. 콘셉트 기획시 주의 사항

자, 이제 어느 정도, 기획에 대한 아이디어가 그려지나요? 머릿속에 그려 놓은 아이디어를 구체화 시키기 전에, 꼭 한번 생각해 봐야 할 정말 중요한 내용이 있습니다. 내가 기획한 이모티콘이 사회적으로 보았을 때 약자나 특정 집단을 비하하거나 공격하는 내용이 담긴 것은 아닌지, 저작권상으로 문제가 없을 것인지 검토해 보는 것이지요. 이모티콘은 카카오톡을 사용하는 대다수의 사람에게 노출되는 콘텐츠이기 때문에, 책임감과 윤리적 의식을 가지고 제작을 해야 합니다. 아래는, 카카오에서 공지하는 구체적인 지침들입니다.

윤리, 비즈니스, 저작권 필수 지침

아래의 항목에 해당하는 이모티콘은 심사에서 부적절하다고 판단되는 경우이므로, 입점 심사 제안서를 제출하기 전에 윤리, 비즈니스, 저작권 필수 지침을 확인해 주시기 바랍니다.

도덕성 및 윤리 지침 부분

– 범죄, 폭력, 성적 표현 등 미풍양속에 반하는 콘텐츠

- 흡연 연상 및 흡연을 조장하는 콘텐츠
- 반사회적인 내용이 담긴 콘텐츠
- 사회적인 물의를 일으킬 소지가 있는 콘텐츠
- 사람, 사물, 동물 등을 비하하거나 차별하는 내용이 담긴 콘텐츠
- 심한 욕설 및 폭언 등이 담긴 콘텐츠
- 특정 국적이나, 종교, 문화, 집단에 대한 공격으로 해석되거나 불쾌감을 유발할 소지가 있는 콘텐츠
- 특정 종교를 표현하거나 이를 주제로 한 콘텐츠

비즈니스 및 광고 홍보 등의 목적, 비즈니스 광고 홍보 등의 목적을 가진 경우에는, 브랜드 이모티콘 제안으로 문의하시기 바랍니다.

- 제안자가 아닌 제3자에게 이익을 제공하거나 서비스 및 광고/홍보를 위해 제작된 콘텐츠
- 기업에서 브랜드 및 서비스의 광고/홍보를 위해 제작된 콘텐츠
- 특정 기업/서비스의 콘텐츠를 활용한 경우(게임 캐릭터, 기업 대표 캐릭터 등)
- 특정 지역, 언론사, 관공서, 비영리단체의 특별한 목적을 위해 제작된 콘텐츠
- 특정 정당 지지, 국회 등 정치적인 요소를 포함한 콘텐츠
- 개인과 기업의 협업에 의한 콘텐츠
- 광고성 문구를 포함하고 있는 콘텐츠

저작권 침해 및 표절 부분

자세한 내용은 [공지] 카카오 이모티콘 서비스를 위한 저작권 필수 지침 및 저작권 위반에 따른 책임 안내 확인 바랍니다.

- 타인의 상품의 저작권 침해 여지가 있거나 표절 의혹이 있는 콘텐츠
- 카카오의 브랜드 자산 또는 제3자의 상표권, 저작권, 특허권을 침해하거나 제3자의 사용 조건을 위배하는 이미지를 사용하는 경우
- 타인의 초상권을 침해하는 경우(ex. 제3자의 동의 없이 촬영한 얼굴 사진 등)
- 저작권 소유자가 명확하지 않은 콘텐츠를 사용하는 경우(ex. 출처가 불분명한 이미지, 인터넷 유명 짤 등)
- 저작권 소유자가 사용을 명시적으로 허가하지 않은 내용이 포함된 경우
- 제3자의 권리 또는 이익을 침해하는 경우

기타

- 카카오 이모티콘 스토어에서 정한 이미지 가이드에 일치하지 않는 콘텐츠
- 이모티콘 콘셉트와 제안된 이미지가 일치하지 않는 콘텐츠
- 입점 심사를 위한 가이드를 따르지 않은 경우 (이미지 미포함, 24개 미만 등)
- 그 외 카카오의 브랜드 이미지에 손상을 주거나 피해를 줄 수 있는 경우

* 상기 가이드에 해당하지 않는 경우에도, 부적절하다고 판단되는 이모티콘에 대해서는 입점이 불가하며, 입점된 이후에도 판매가 중단될 수 있습니다.

3. 나의 콘셉트 문장으로 정리하기

앞서 이야기한 습관을 기반으로, 나만의 이모티콘 콘셉트를 기획해 봅시다.

어떤 콘셉트가 좋은 콘셉트일까요? 이것에 대해 절대적인 기준은 없습니다. 이모티콘이 출시되고 난 후의 판매량이 그 기준이 된다 할지라도, 준비 과정에서는 알 수 없는 일이죠.

그러나 확실한 건, 이모티콘 콘셉트는 사용자와 사용 목적이 분명해야 한다는 것입니다.

누가/누구에게/어떤 상황에서 쓰이는 이모티콘인지를 확실하게, 한 문장으로 정리해 봅시다.

누가	누구에게	어떤 상황에서	어떻게
회사원이	직장 상사에게	업무 대답할 때	의욕 넘치게
동생이	누나에게	일상 생활에서	깐죽거리며
헬스트레이너가	회원에게	피티 검사용으로	친절하며 깐깐하게
학생이	팀원들에게	팀플할 때	아나운서 톤으로

반드시 이 네 가지 항목이 구체적으로 채워져야 할 필요는 없습니다. 사용자가 중요한 이모티콘이 있고, 대상이 중요한 이모티콘이 있을 수도 있으며, 사용자나 대상자가 아니라 상황이 중요한 이모티콘이 있을 수도 있으니까요. 하지만 이 박스에 나의 이모티콘 콘셉트를 맞추어 넣어 보면서, 내 이모티콘이 어떤 사람들에게, 혹은 어떤 상황에 특정되어 있는지를 확인해 보는 것은 중요한 작업입니다.

4. 콘셉트를 나타내는 제목 생각하기

직관성이 아주 중요한 이모티콘의 세계에서 콘셉트와 이모티콘 제목은 밀접한 연관을 가지고 있습니다. 만약 모두가 아는 유명한 캐릭터로 이모티콘을 만든다고 생각해 봅시다. 예를 들어, '띵똥이'라는 캐릭터가 있습니다.

가상의 캐릭터 띵똥이

이 캐릭터는 전 국민이 알고 있는 캐릭터입니다. 이 캐릭터가 9시 뉴스 아나운서도 하고, TV유치원 메인 캐릭터고, 예능 MC도 하고 뭐 그런 엄청난 녀석이에요. 자, 띵뚱이의 이름으로 신작 이모티콘이 나왔습니다. 이모티콘 이름은 '띵뚱이'로 출시되었어요.

따로 홍보를 하지 않아도, 신작 이모티콘 탭을 본 사람들은 이 이모티콘의 주인공이 어떤 매력적인 캐릭터인지 알 것입니다. 직관적으로 '어! 띵뚱이 이모티콘 나왔네?' 하고 클릭해서, 어떤 24종의 감정 표현을 하고 있는지 체크하고, 마음에 들면 구매를 하겠지요. 띵뚱이 이모티콘이 잘 만들어졌든 아니든 간에, 최소한 눌러 보기는 할 거예요. 이런 경우에, 이모티콘의 제목은 '띵뚱이' 만으로도 충분할지 모릅니다.

하지만, 우리가 직접 만든 캐릭터는 상황이 조금 다릅니다. 필자가 직접 만든 캐릭터, 키몽으로 이모티콘을 출시한다고 가정해 보겠습니다. 아주 매력적인 캐릭터 디자인을 거쳐 만든 키몽 이모티콘은, 24프레임 애니메이션을 직접 손으로 그려 다이나믹한 모션을 보여 주며, 평소 사람들이 공감할 만한 대화 요소들을 심도 깊게 연구하여 제작되었습니다. 제작 기간만 1년 반이 걸렸고, 사용해 보면 누구든지 매력을 느낄 완성도 높은 이모티콘으로 출시되었지요.

'이 정도면 최고다!' 자신만만해진 필자는 이모티콘 제목을 '키몽'이라고 붙여 출시하게 됩니다. 하지만 신작 이모티콘 탭에서 '키몽'이라는 제목명과 처음 보는 초록 외계인 캐릭터를 본 사람들은 생각합니다. '듣보잡 캐릭터로 또 이모티콘 하나 나왔군.' 그렇게 생각한 뒤, 손가락으로 스크롤을 내려, 같이 출시된 다른 매력적인 이모티콘을 확인합니다. 결과적으로 '키몽' 이모티콘은 1초도 안 되는 시간 동안 좋은 이모티콘인지 평가받을 기회조차 놓친 채, 역사의 뒤안길로 사라지게 되었습니다.

그렇습니다. 우리가 아무리 이모티콘을 열심히 만든다 한들, 사람들에게 보여지지 못한다면 의미가 없습니다. 1차적으로 우리 이모티콘이 보여지는 부분은 '메인 이미지' 한 종과 '제목'일 뿐입니다. 단순히 생각해도 50%나 되는 중요도를 가지고 있는 것이죠. 그렇다면 좋은 제목은 어떤 것일까요? 그것에 대해 정답은 없겠지만, 제

나름대로 결론을 내린 것은 '직관적'이어야 한다는 것입니다. 제목만 보아도 어떤 집단이 사용하기 좋은 이모티콘인지, 어떤 성격의 사람에게 어울리는 이모티콘인지를 추측할 수 있게 말이에요.

A (성격,특징)	B (직위,집단명)	C (캐릭터명)
귀여운	학생	
소심한	아저씨	
커다란	군인	
작은	선생님	
게으른	초딩	키몽
중2병 걸린	조교	
성급한	복학생	
비꼬는	알바생	

단순하고 직관적으로, 캐릭터의 성격, 집단군이 명확하다면 A+B+C 조합, 혹은 A+B , A+C 등의 조합으로 제목을 만드는 것이 가능합니다. '소심한 아저씨 키몽' 혹은 '중2병 걸린 조교 키몽' 이런 식으로 말이죠. 물론 이러한 규칙이 절대적인 것은 아닙니다. 의성어나 의태어를 이용하여 특징을 표현하거나, 재미있는 문장으로 제목을 대체하는 경우도 있으니까요. 이모티콘 순위 리스트를 보며 적합한 이모티콘 제목을 생각해 보시길 바랍니다.

2단계 상황별 메시지 구성

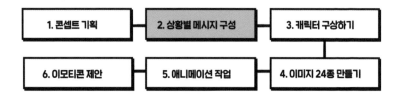

콘셉트를 중심으로 하는 이모티콘을 제작하기 위해서는, 캐릭터를 먼저 구상하기보다는 상황에 맞는 메시지를 먼저 리스트업합니다. 메시지들이 우선이 되고, 그 메시지를 가장 잘 표현할 수 있는 캐릭터를 찾는 식이지요. 여기서 메시지란, 텍스트로 이루어진 대화적 표현이기도 하지만 단순한 감정의 표현이기도 합니다. 간단한 예시를 들자면, 대화적 표현은 '고마워', '잘 자' 등의 텍스트가 들어가는 형태이며, 감정 표현은 '웃음', '눈물' 등 텍스트 없이 감정을 전달하는 형식의 표현을 말합니다.

1. 대화적 표현과 감정형 표현

대화적 표현/인사

감정형 표현/놀람

	대화적 표현	감정형 표현
표현 방식	텍스트	이미지 위주
사용성	한정적	범용적
표현 가능 범위	넓고 구체적	한정적

자, 모션 이모티콘은 24개, 정지 이모티콘은 32개의 메시지가 필요합니다. 이제 노트에, 내가 생각했던 메시지들을 하나씩 적어 봅

시다. 예시로 인공지능 콘셉트의 이모티콘을 예시로 들어 보겠습니다. 이것은 제가 가볍게 생각해 본 콘셉트로, 핵심은 인공지능 스피커나, 대중매체에서 자주 등장하는 인공지능의 말투를 이용한 대화체입니다.

누가	누구에게	어떤 상황에서	어떻게
젊은 남녀	친구에게	지식 전달/평가의 상황에서	인공지능의 말투

아마 콘셉트 기획을 하면서 바로 떠올랐던 메시지들이 있었기 때문에, 몇몇 문장들은 막힘없이 적을 수 있을 것입니다.

인공지능티콘 메시지 리스트		
1	대화적 표현	삐빅-정상입니다
2	대화적 표현	빅데이터로 도출한 결과입니다
3	대화적 표현	배터리가 부족합니다
4	대화적 표현	아시겠습니까 휴먼?
5		.....

하지만 메시지를 적어 나가다 보면, 점점 막연한 기분이 들기 시작합니다. 적어 나가다 보니 이렇다 할 메시지가 24개보다 적은 것 같기도 하고, 웃긴 메시지 같은데 잘 안 쓰일 것 같기도 하고, 억지로 24종을 채우려고 하니 어떤 메시지 위주로 넣어야 할지도 고민이 됩니다. 어찌저찌 24종을 채워 넣는다고 하더라도, 확신이 잘 들지 않습니다. 이 메시지보다는 저 메시지가 더 좋지 않을까? 이렇게 하

는 것이 맞나? 하는 생각이 계속 맴돌게 되지요. 이 불안감의 근원은 무엇일까요? 제가 도출해 낸 결론은 이것입니다.

'이모티콘에서 가장 많이 쓰이는 메시지 순위를 알 수 없다'

이모티콘을 제작하는 입장에서, 내가 24종의 이모티콘을 구성할 때 가장 안전한 방법은 사용성이 뛰어난 메시지 위주로 구성하는 것일 겁니다. 자주 사용되는 메시지 순위 1위부터 24위를 내 스타일에 맞게 만든다면 적어도 평타는 칠 것 같다는 생각이 듭니다. 내가 특수한 상황에서 쓰이는 콘셉트 이모티콘을 만드는 경우라면, 핵심이 되는 특수한 메시지 위주로 먼저 구성을 하고, 남은 메시지들은 자주 사용되는 메시지 순위대로 채워 넣는다면 가장 이상적이겠지요. 그렇다면 그러한 데이터는 어떻게 얻을 수 있을까요?

2. 자주 쓰이는 메시지는 어떤 것일까?

안타깝게도, 현재 우리가 확인할 수 있는 데이터는 '이모티콘의 인기 순위'가 전부입니다. 그렇기 때문에 1위를 하고 있는 이모티콘을 보아도 24종의 이미지 표현들 중 어떤 것이 가장 많이 쓰이는 표현인지, 혹은 다양한 이모티콘들 안에서 가장 유용하게, 잘 쓰이는 표현들의 순위는 어떻게 되는지에 대한 데이터가 없습니다. 그러다 보니 제작자들은 어느 정도 직감에 의한 선택을 내려야 할 수밖에 없습니다. '내가 경험해 본 결과, 춤추는 이미지 표현은 꽤나 많은 사람들이 사용했으니까, 이건 꼭 넣어야겠다.' 뭐 이런 식으로 말이죠. 그렇다면, 정말 구체적인 가이드 라인은 없을까요?

통계적으로 사람들이 가장 많이 사용하는 표현은 뭘까…?

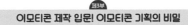
(1) 카카오톡 이모티콘의 조상, '이모지'를 분석하자!

그것을 위해서는, 현재 사용되는 이모티콘의 조상인 '이모지'를 확인해 볼 필요가 있습니다. '이모지'는 1999년, 일본의 통신사인 NTT 도코모에서 처음으로 사용된 '그림 문자'에서 시작되었습니다. 그래서 지금도 일본어인 Emoji(絵文字, 그림 문자)로 불리는 것이고요.

최초의 이모지, 도코모 이모지

그 뒤, 이모지는 2008년 애플사의 아이폰에 도입되면서 지금의 디자인 코드를 가지게 되었습니다. 구글, 페이스북, 트위터, 인스타그램 등 우리가 평소에 '기본 이모티콘'이라 생각하고 사용하는 노란 얼굴, 그게 바로 '이모지'인 거지요.

애플의 이모지

용어 사용에 혼돈이 오지 않도록 간략히 설명을 드리면, 원래 '이모티콘'은 문자를 조합하여 만든 이미지를 뜻하는 용어였습니다. 어떻게 보면 지금 이모티콘의 진짜 조상님이지요. 그 뒤, 앞서 설명드렸던 '그림 문자'인 이모지가 탄생되었고, 그것이 더욱 진화한 형태가 현재 우리가 사용하는 '이모티콘'이 된 거지요. 용어의 혼돈을 막기 위해서인지 몰라도, 네이버의 메신저 '라인'은 '이모티콘'이라는 단어 대신 '스티커'라는 용어를 쓰고 있습니다.

문자로 표현된 일종의 기호인 과거의 '이모티콘'	직접적 그림으로 표현된 이모지	사이즈가 커지고 모션이 들어간 현대의 이모티콘

이모티콘의 진화

우리에게 익숙한 '이모지'는 전세계인의 만국 공용어처럼 사용되고 있으며, 단순하지만 엄격하고, 철저한 수정을 거쳐 오고 있습니다. 이모지에 인종 차별, 남녀 차별적인 요소가 있다는 점이 논란이 되어 서로 다른 성별과 피부색을 추가하기도 했고, '총' 이모지가 폭력적이라는 논란 끝에 물총으로 수정되어 오기도 했습니다. 또한 2017년에는 구글의 '햄버거' 이모지에 치즈가 패티 아래에 있다는 점을 지적하여 바꾸는 해프닝도 있었죠.

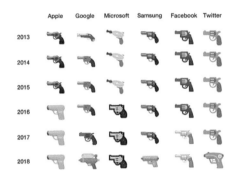

점차 물총으로 바뀌고 있는 '총' 이모지

수정 전   수정 후

구글의 햄버거 이모지는 햄버거 고수의 철저한 고증을 거쳐 변환되었다. (출처 이모지피디아)

이처럼, '이모지'는 필요 없는 것은 빼고, 잘못된 요소들은 고치며 꾸준히 깎아온 다이아몬드와도 같은 '전세계 이모티콘의 표준'이라 고 볼 수 있습니다. 그러니까, 이모티콘을 이해하고 만드려는 제작 자에게는 어떻게 보면 '기본 필수 영단어' 같은 존재가 될 수 있단 거 지요.

이모지 리스트를 확인하기 좋은 사이트 두 곳을 추천드리자면,
유니코드의 이모지 리스트(https://unicode.org/emoji/charts/full-emoji-list.html1f600)와 이모지피디아(https://emojipedia.org)를 추천드립니다.

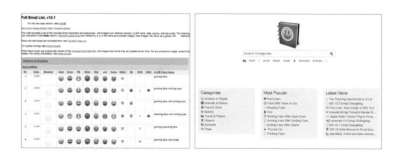

유니코드의 이모지 리스트는 사용되는 유니코드와 각 플랫폼별 이모지를 잘 리스트업해 놓아 보기 좋으며, 이모지피디아는 이모지 별 역사와 각종 이슈를 확인할 수 있어서 좋습니다.

(2) 가장 많이 쓰이는 감정형 표현들은 어떤 것일까?

　자 그럼 나아가서, '이모지' 리스트 중 어떤 것들을 주목하여 보면
좋을지에 대한 이야기를 해 봅시다.

　종류는 상당히 많지만, 우리가 가장 자주 사용하며, 동시에 이모
티콘 제작에 참고할 만한 카테고리는 smile/people 항목입니다. 이
항목에서 볼 수 있는 다양한 얼굴 표정들은 앞서 말한 '메세지' 중
'감정형 표현'에 해당됩니다. 전 세계의 다수가 사용할 수 있을 정도
로 범용적이며, 구체적인 텍스트가 없는 대신 기호와 이미지로 우리
의 기본 감정들을 표현합니다.

Emoji Faces

또한 우리가 참고할 만한 요소가 하나 더 있습니다. 카카오 이모티콘과는 다르게, '이모지'는 자주 사용되어 온 표현에 대한 통계자료가 몇 가지 있다는 사실이지요. 이모지피디아에서는 2014년부터 매년 7월 17일을 '세계 이모지의 날'로 지정하고, 그 해의 흥미로운 이모지 통계자료를 공개합니다. 2018년도 이모지의 날에 발표된 자료를 보자면, 가장 자주 사용된 이모지와 그 외의 재미있는 사실들을 알 수 있지요.

2018년 이모지의 날 통계 내용 중 일부

이 외에도, 이모지피디아의 메인 화면 하단에는 '가장 인기 있는 10가지의 이모지'가 매번 갱신되고 있으니 확인해 보면 좋습니다.

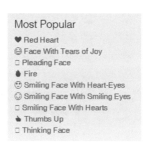

이모지피디아에 계속 나타나는 10가지 인기 이모지들

이와 같은 자료들을 보며, 제가 가장 많이 느낀 것은 이모티콘의 사용은 기본적으로 '긍정'의 표현이라는 것입니다. 사실 사람들이 정말 심각하거나 화가 나는 상황에서 이모티콘, 혹은 이모지를 사용하지는 않잖아요? 그래서인지 항상 상위를 차지하고 있는 이모지들은 하트, 사랑, 스마일의 표현입니다. 특히나 많이 사용되고 있는 이모지가 바로 'tears of joy' 이모지인데요. 2015년 온라인 사전 검색 서비스인 옥스퍼드 딕셔너리즈 닷컴에서 올해의 단어로 선정되기까지 한 녀석이죠. 제가 보았을때 이 이모지는 엄청난 활용도를 가지고 있어요. 너무 기쁠 때에도 사용할 수 있고, 웃픈 상황, 혹은 슬픈 상황의 유쾌한 표현으로도 쓰일 수 있거든요.

활용도 정점의 표현, tears of joy

아래는, 이모지를 기반으로 리스트업해 본 감정 표현의 리스트입니다.

자주 쓰이는 감정형 표현				
기쁨	공허함	뿌듯함	깜찍/귀여운 척	편안함
웃음	충격	답답함	메롱	아픔/구토/기침/어지러움
신남	숙연	윙크	놀람	더움/추움
부끄러움	진지	두근두근	쉿/조용히	혼란스러움
호기심	힘듦/지침	흐뭇함	고민	실망
졸림	설렘	정신없음	의심	피곤함

(3) 이모지를 넘은 진화, 이모티콘의 대화형 표현

자, 그러면 카카오 이모티콘의 24종 이미지로 넘어와 봅시다. 이모지에서 단서를 찾은 감정 표현들만으로 24종을 구성할 수도 있겠지만, 사실 지금의 이모티콘은 이모지보다도 표현의 폭이 훨씬 넓습니다. 이모지에 비해 이미지 규격도 크거니와, 움직임과 사운드까지 표현이 가능하지요. 하지만 이모지와 가장 두드러지는 차이점은 바로 '텍스트'를 넣은 표현이 가능하다는 점입니다. 사실 이모티콘이 문자로 표현하기 힘든 감정들을 보여 주기 위해 탄생했다는 점을 생각하면, 지금의 이모티콘에 다시 텍스트가 들어간다는 사실이 아이러니하게 느껴집니다.

실제로 3~4년 전만 해도, 카카오 이모티콘의 제작 가이드에는 '이미지 안에 텍스트가 들어가는 것은 지양할 것'이라는 항목이 있었습니다. 하지만 지금은, 오히려 텍스트가 없는 이모티콘의 비중이 더 적을 정도로 글이 차지하는 비중이 커졌지요. 그만큼, 이모티콘으로 표현할 수 있는 부분이 확장된 것이라 생각합니다. 텍스트가 추가되면서 가장 확장된 것은, 나 자신의 감정을 표현하는 것뿐만 아니라, 상대방에게 구체적인 말을 건네는 '대화형' 표현이 가능해졌다는 것입니다. 대화형 표현은 마치 상대방에게 쓸 텍스트를 미리 적어 놓은 것과 같이 구체적이며, 한정적인 상황에서 주로 쓰입니다. 예시를 들자면 그냥 '웃는 얼굴의 이모티콘'은 고마운 상황, 신나는 상황, 축하해 주는 상황에 두루 쓰일 수 있지만, '고마워'라는 대화형 메시지는 진짜 '고마운' 상황에 주로 쓰이게 되는 식이죠.

어떠한 대화형 표현이 주로 쓰이는지에 관해서는 구체적인 통계 자료가 없기 때문에 정확히 판단하기는 힘듭니다. 자신이 쓰는 대화를 돌아보고, 출시된 이모티콘들을 찬찬히 뜯어보면서 감을 잡는 수밖에는 없어요.

아래는, 제가 생각하는 기본적인 '대화적 표현 리스트'입니다. 이건 절대적인 자료라기보다는 그저 저의 '뇌피셜' 자료라는 것을 알아주세요.

자주 쓰이는 대화적 표현			
잘 가	뭐해?	잘한다잘한다~	수고했어
굿모닝/굿나잇	돈없어	귀여워~	그랬구나~
안녕	토닥토닥/오구오구	괜찮아?	화낼 거야!
싫어	보고싶어	잘못했어...	응답해라!
배고파	어쩌라고?	주목~	기다려줘
어디야?	대단하시네요~	잘 부탁해요	알았어
왜 불러?	최고!	안타깝네	
저요!	가즈아	빨리빨리	

또 중요한 건, 대화적인 표현은 정말 다양하게 변형되어 사용하는 것이 가능하다는 것입니다. 텍스트를 기본적으로는 '안녕'이라고 쓸 수도 있지만 '하이루', '하잇', '안농', '여어-', '하염' 등등 다른 식으로 쓰는 식입니다. 유행어나 나만의 독창적인 문장을 잘 섞어서 표현할수록 개성 있는 이모티콘이 될 확률이 높겠지요. 하지만 자칫하면, 한정된 표현으로 활용도가 떨어지는 이모티콘이 될 수도 있으니 신중하게 생각해야 하기도 합니다. 그냥 '안녕'이라는 텍스트를 '안녕하십니까 누님'으로 표현하게 되면, 연하의 남성이 연상의 여성에게만 쓸 수 있는 한정적인 표현이 됩니다. 하지만 콘셉트가 '나는 누님의 집사'인 이모티콘이라면, 이렇게 특화된 표현들이 더욱 적절할 수 있겠지요. 여러분의 콘셉트에 맞게 대화형 표현들을 잘 정리해 봅시다.

(4) 24종 이미지에 대한 고민

'정석' 이모티콘의 경우 24종의 이미지를 구성하기 위해서는 다양한 감정 표현이 골고루 들어가 있는 편입니다. 슬픔, 기쁨, 축하, 질투, 응원 등 우리가 카카오톡으로 대화할 때 필요한 감정들을 하나의 이모티콘으로 표현할 수 있도록 말이에요. 또한, 이러한 감정들을 도표로 만든 '이모티콘 감정표'도 인터넷상에 심심치 않게 돌아다니고 있는 편입니다. 이렇게 24종을 다양한 감정을 담아 제작하는 것은 정석입니다만, 절대적인 것은 아닙니다. 사실 이모티콘을 직접 사용하다 보면, 다른 감정 표현에 비해 상대적으로 자주 사용하는 표현들이 있습니다.

예를 들자면 동의, 감사, 축하, 거절, 신남 등의 표현은, 사랑해, 잘 자, 안녕 등의 표현보다도 훨씬 쓰이는 빈도가 높습니다. '사랑해'라는 표현은 아무래도 연인 사이가 아니면 자주 사용하기 어렵죠. 또한 '잘 자'나 '안녕'의 표현은 대화의 처음과 끝에 한정되어 사용될 수밖에 없습니다. 반면 '신남'을 표현한 이모티콘은 사용 범위가 넓습니다. 누군가의 경사를 축하할 때, 누군가가 나를 축하해 줄 때,

그냥 내가 기분이 좋을 때, 등등 어떠한 긍정적 상황에도 대응이 가능합니다. 이러한 특징들을 잘 고려하여서 자주 쓰일 수 있는 표현들에 조금 더 힘을 쏟는 것이 매력적인 이모티콘을 만드는 데에 도움이 됩니다. 요즘에는 한 가지 감정 표현을 콘셉트로 잡고 이모티콘을 만드는 경우도 많이 있고요.

3. 콘셉트에 맞게 메시지 정리하기

그렇다면 아까의 예시 '인공지능티콘'으로 돌아와 봅시다. 처음 생각해 냈던 메시지들 아래로, 자주 사용되는 대화적 표현/감정형 표현을 콘셉트에 맞게 변형하며 적어 나가 보았습니다.

인공지능티콘 메시지 리스트			
번호	구분	메시지 종류	텍스트 및 표현
1	처음 생각한 콘셉트 메시지들	대화적 표현	삐빅–정상입니다
2		대화적 표현	빅데이터로 도출한 결과입니다
3		대화적 표현	배터리가 부족합니다
4		대화적 표현	아시겠습니까 휴먼?
5	자주 사용되는 리스트에서 추출한 메시지들	대화적 표현/응	동의
6		대화적 표현/싫어	요청이 거절되었습니다
7		대화적 표현/최고!	뛰어난 휴먼이군요
8		대화적 표현/틀렸어	치명적인 오류입니다
9		감정형 표현/멘붕	오류 메세지 이미지
10		감정형 표현/두근두근	CPU가 강하게 돌아가는 이미지
11		감정형 표현/지침	CPU가 타 버리는 이미지

자, 이런 식으로 최대한 리스트업을 해 나가 봅시다. 24종에 딱 맞추어(정지 시안의 경우 32종) 작업하기보다는, 좋은 아이디어나 활용도가 있을 것 같은 메시지들을 최대한 모아 놓는 것이 중요합니다.

사실 이모티콘을 직접 사용하다 보면, 다른 감정 표현에 비해 상대적으로 자주 사용하는 표현들이 있습니다. 예를 들자면 동의, 감사, 축하, 거절, 신남 등의 표현은, 잘 자, 안녕 등의 표현보다도 훨씬 쓰이는 빈도가 높습니다. '잘 자'나 '안녕'의 표현은 대화의 처음과 끝에 한정되어 사용될 수밖에 없는 반면, '신남'을 표현한 이모티콘은 사용 범위가 넓습니다. 누군가의 경사를 축하할 때, 누군가가 나를 축하해 줄 때, 그냥 내가 기분이 좋을 때, 등등 어떠한 긍정적 상황에도 대응이 가능합니다. 이러한 특징들을 잘 고려하여서 자주 쓰일 수 있는 표현들에 조금 더 힘을 쏟는 것도 매력적인 이모티콘을 만드는 데에 도움이 됩니다. 요즘에는 한 가지 감정 표현을 콘셉트로 잡고 이모티콘을 만드는 경우도 많이 있고요.

제4부

실전 이모티콘 이미지 만들기!

자아, 이제 구성한 메시지를 바탕으로 직접 이미지를 만드는 것을 도전해 보아야 할 시간입니다. 24종의 이미지를 특정한 한 종류의 캐릭터로 표현할 수도 있습니다만, 제가 출시한 '동물 짤방 세트' 이모티콘처럼 여러 캐릭터 이미지로 구성하거나, 캘리그래피와 같은 텍스트, 아니면 합성된 사진 이미지로 구성될 수도 있겠지요. 어느 형태가 되었든, 나만이 생각할 수 있는 개성 있는 이미지나 캐릭터를 만들 수 있도록 하는 것이 중요합니다.

3단계 본격, 캐릭터 구상하기!

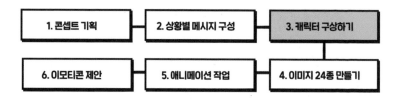

본격적으로 캐릭터를 구상하기 위해서는 어떤 준비가 필요하고 어떤 과정을 거쳐야 하는 걸까요. 이번 파트에서는 캐릭터를 구상하기 위해 필요한 준비물과 이모티콘형 캐릭터가 가지는 특징, 그리고 내가 구성한 콘셉트를 캐릭터화시키는 방법 등에 대해서 자세히 알아보도록 하겠습니다.

1. 시작을 위한 준비물

어떤 장비가 필요한가

이모티콘 제작의 장점 중 하나가 바로, 거창한 준비물이 필요 없다는 점입니다. 컴퓨터, 그림을 그리는 태블릿. 이 두 가지만 있으면 충분합니다. 뭐, 컴퓨터도 딱히 고사양일 필요가 없습니다(그래도 포토샵 등의 그래픽 툴을 돌릴 수 있을 정도는 되어야겠죠.). 글을 읽으시는 분이 사용하는 컴퓨터가 있다는 가정하에, 유일한 준비물은 태블릿이 되겠죠. '태블릿'이라고 하면 요즘은 아이패드나 갤럭시 탭 등의 태블릿 PC를 지칭하는 말처럼 들리기는 하지만, 기본적으로는 컴퓨터와 연결하여 그림 작업을 할 수 있도록 도와주는 보조 기구입니다. 이모티콘을 직접 손으로 그려 스캔하는 식으로 제작하시는 분도 있겠지만, 이렇게 되면 만들어 낼 수 있는 이모티콘 자체가 굉장히 제한적이고, 시간도 많이 걸리므로 기본적으로 태블릿 기기 하나는 구매하시는 것을 추천드립니다.

전문가들은 주로 작업 화면이 태블릿에 바로 출력되는 액정형 태블릿을 사용하지만, 가격이 비싼 편입니다. 적게는 8, 90만 원에서 300만 원까지도 하니까요. 때문에 처음 입문하시는 분들은 화면이 출력이 되지 않는 판형 태블릿으로 시작해 보시는것이 좋습니다. 가격은 10~30만 원 정도로 저렴한 편이며, 조작에 익숙해진다면 작업이 어려운 편은 아닙니다. 또한, 요즘에는 태블릿 PC로도 괜찮은 그래픽 툴이 잘 나와 있는 편이니 혹시 가지고 계신 아이패드나 갤럭시 탭이 있으신 분은 사용해 보시는 것도 좋겠네요.

어떤 툴을 사용할 것인가?

이모티콘 제작에 정형화된 툴이 필요한 것은 아닙니다. 하지만, 대부분의 이모티콘 제작자들이 쓰는 툴은 다음과 같습니다.

① 포토샵

가장 기본적으로 사용되는 그래픽 툴로 어느 정도 기능만 익힌다면 이미지 그리기, 편집, 모션 편집까지 모두 가능한 만능 툴. 다만 모션에 있어서 한 장 한 장 직접 그려야 하고, 수정할 요소가 있을 때에도 하나하나 다시 그려 내야 하므로 작업 시간이 길어질 수도 있습니다.

② 일러스트레이터

벡터이미지 작업에 특화되어 깔끔한 선으로 이미지를 그려 내는 것이 가능합니다. 추가적으로 마음대로 확대, 축소를 해도 이미지가 깨지지 않아 모션 작업 및 수정이 더 용이하다는 장점이 있습니다.

다만 초보자가 바로 사용하기에는 진입 장벽이 있고, 손그림에서 나오는 개성이 죽는 단점도 있습니다.

③ 클립스튜디오

클립스튜디오는 원래 웹툰, 만화 제작을 위한 툴로 설계되었지만, 이모티콘 작업에도 매우 용이한 편입니다. 기본으로 적용되는 손떨림 방지 기능과, 채색 작업시 색이 깔끔하게 들어가 후보정 시간이 짧다는 장점이 있습니다.  아이패드를 사용하시는 분들은 어플이 PC버전과 호환이 잘 되는 편이므로 유용하게 사용하는 것이 가능합니다.

④ 에프터이펙트

포토샵이나 일러스트로 작업한 정지 이미지에 애니메이션 연출을 입히기에 좋은 툴입니다. 이모티콘의 모션 작업을 한 장 한 장 그리지 않고도 부드러운 모션을 구현할 수 있다는 점이 장점입니다. 다만, 작업에 있어 진입 장벽  이 있으며 개성 있는 움직임을 구현하기 어렵다는 단점이 있습니다.

사실 이러한 작업 방식보다는 나만의 기획으로 매력적인 캐릭터를 만들어 내는 과정이 더욱 중요하다고 생각합니다. 작업하는 방법이야 검색하면 다 나오는 내용이기도 하구요. 하지만 일단은, 이 글에서도 전체적인 제작 과정의 흐름을 다 짚어 볼 예정입니다. 구체적인 이해를 위해서요. 가장 기본적인 툴인 포토샵만으로 작업한다는 것을 가정하여 이야기를 진행해 보도록 할게요.

포토샵만으로 이모티콘을 제작해 온 필자

2. 이모티콘형 캐릭터가 가지는 특징

자 그럼, 본론으로 들어가서 이모티콘에 적합한 캐릭터는 어떻게 만들까요? 사람들에게 사랑받는 캐릭터를 만드는 일과, 이모티콘에 적합한 캐릭터를 만드는 일은 약간의 차이가 있습니다. 이모티콘이라는 제한적이고 특수한 요소 때문이지요. 이모티콘은 기본적으로 몇 가지 특수성을 가지고 있습니다.

단발성이며 작은 이미지로 표현된다

이모티콘은 카카오톡 대화 도중에 사용되는 도구로, 순식간에 쓰이고 사라지는 휘발적인 측면이 있습니다. 또한, 한 상품당 개수가 제한되어 있으며(24 혹은 36) 모션의 프레임 수도 24프레임이 최대입니다. 이미지 사이즈 또한 매우 작아, 360×360 픽셀의 사이즈 안에서 모든 것을 표현해야 합니다. 그렇기에, 전반적으로 호흡이 굉장히 빠르고, 직관적입니다.

예를 들어, 영화 〈레옹〉의 레옹은 킬러이지만, 화분에 매일 물을 주는 초식남스러운 면모를 가지고 있으며, 소녀 마틸다에게 점점 메마른 마음을 열어 가는 양면적인 매력을 가지고 있는 캐릭터지요. 하지만, 이 매력을 이모티콘이라는 형태로 표현하기는 불가능에 가깝습니다. 오히려 이모티콘에서는 직관성이 뛰어난 캐릭터가 더욱 인기를 끌기 좋지요. 심오한 감정선을 가진 캐릭터가 아니라 '무엇이든 다 쏴 버리는 킬러'라는 콘셉트의 귀엽고 단순한 캐릭터가 더 빠르게 매력을 발산하기에는 좋지 않을까요?

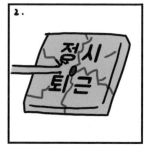

예시-무엇이든 다 쏘는 킬러가 정시 퇴근을 파괴하고 있다

비대면 소통의 도구로서 사용된다

이모티콘 캐릭터는 기본적으로 인간이 대화하는 상황을 베이스로 표현됩니다. 안부 인사, 감사 표현, 축하, 사과 표현 등 상대방에게 건네는 대화적 표현과, 자기 자신의 상태(우울, 심심, 신남, 놀람)를 나타내는 감정형 표현이 섞인 형태로요. 어느 쪽이든, 상대방과의 대화에 사용되는 소통의 도구인 것이죠. 그렇기에 소통이 아닌 표현들은 이모티콘에서는 의미가 없습니다. 예를 들어 볼까요?

꽃에 물을 주는 여자

꽃에 물을 주고 있는 캐릭터를 그려 봤습니다. 굉장히 여유로운 모습이네요. 하지만, 이모티콘에서는 그다지 적합한 형태가 아닙니다. 정확히 이 그림이 어떤 소통을 하고 싶은 것인지 애매모호하기 때문이지요. '나는 지금 꽃에 물을 주고 있어!'인 건지, '꽃에 물 줘야 하는데…….'인지, '꽃에 물을 주니 마음이 편안해졌어.'인지, '꽃에 물을 줄 정도로 여유로워.'인 건지 말이죠. 하지만 생각해 보면, 위의 의미를 담은 표현이라고 해도 자주 사용될 것 같지는 않습니다. 일단 여성형 캐릭터이므로 주로 여성분이 사용하게 될 것인데, 그중에도 평소에 식물을 기르는 여성으로 제한됩니다. 하지만 식물을 기르는 여성이 하루에 물을 주는 시간은 얼마나 될까요? 한 번, 많아야 두 번 정도일 것 같네요. 그러니까, 이 이모티콘은 아주 제한된 집단이 하루에 한두 번을 쓸까 말까 한 표현을 담고 있는 것입니다. 그렇기에 위의 그림은 어떤 표현인지도 명확하지 않지만, 예상되는 표현들조차 활용도가 많이 떨어질 것 같다는 결론을 내릴 수 있습니다.

나를 표현하는 대타로 사용된다

이모티콘은 대화에 있어서 나의 이미지를 나타내는 '아바타' 같은 존재입니다. 당장 지금 주변에 이모티콘 쓰는 지인들을 둘러보면, 한 가지 이모티콘만 주구장창 쓰는 지인들 있죠? 이런 경우에, 나중에는 그 이모티콘만 봐도 그 지인이 떠오르게 되지요. 그게 아니더라도, 처음 보자마자 '이거 누구 닮았네.' 하고 특정 지인이 딱 떠오르는 이모티콘도 있고요.

이처럼, 이모티콘은 하나의 '아바타'로서, 나나 주변 지인들의 이미지를 대변해 줍니다. 착한 말을 하는 캐릭터 이모티콘을 쓰면 공손한 느낌의 사람이 되고, 깐죽이는 이모티콘을 쓰면 장난스러운 이미지가 되구요. 혹은 직장, 성별, 나이를 대변하여 이모티콘에 투영되기도 하죠. 그렇다면 이모티콘을 기획할 때, 우리는 어떤 점을 고려해야 할까요? 그렇습니다!!! 사용자의 모습을 그대로 담은 캐릭터를 만들어야죠……!!!라고 생각하실지도 모르겠습니다만, 사실은 조금 다릅니다.

삼성에서 갤럭시 S9을 출시할 때, 'AR 이모지'라는 신기능이 추가되었습니다. 카메라를 통해 자신의 얼굴을 인식하여, 자신과 똑같은 3D 캐릭터를 만들고 대화에 이용할 수 있게 한 기능이었죠. 결과적으로 이 기능은 엄청난 악평을 받게 되었는데, 주된 이유는 아이폰X

에 탑재된 '애니모지' 기능을 너무 의식한 표절이 아니냐는 이유였죠. 하지만 저는 그것이 이 기능이 묻힌 이유라고 생각하지 않습니다. 그래도 유용하면 결국 쓰이기 마련이잖아요. 지문 인식, 얼굴 인식, 무선 충전 같은 기능처럼요. '애니모지'와 'AR 이모지'는 얼굴을 인식하여 캐릭터를 만든다는 것에서 기본적으로 같지만, 사실 큰 차이가 있습니다. '애니모지'는 나의 표정을 인식하여 귀여운 동물 캐릭터가 표현된다는 것이고, 'AR 이모지'는 진짜 내 모습을 반영한 인간형 캐릭터가 만들어진다는 점이죠. 사실 모두가 연예인처럼 예쁘고 멋진 것도 아니고, 그게 아니더라도 나를 그대로 표현한 캐릭터를 쓰기에는 어딘가 꺼림칙한 면이 있습니다. 너무 직접적이니까요.

저는 사람들이, 자기 자신을 그대로 드러내기 위한 캐릭터가 아니라, 자기 자신이 보여지고 싶은 형태의 캐릭터를 아바타로 사용한다고 생각합니다. 귀여워 보이고 싶을 때 귀염뽀짝한 동물 캐릭터를 이모티콘으로 쓴다거나, 센 형님처럼 보이고 싶을 때, 큰형님스러운 이모티콘을 쓴다거나 하는 것처럼 말이죠. 그냥 대화 텍스트로 '장난하냐?'라고 전달하면 상대방의 기분이 상할 수 있겠지만, 귀여운 근육질의 곰이 '장난하냐?'라고 외치는 이모티콘을 사용하여 보낸다면 유머러스하게 승화하면서 자신의 표현을 전달할 수 있게 되는 것입니다. 이렇듯, 이모티콘 캐릭터는 나 자신을 그대로 투영한다기보다는 내가 내보내고 싶은 '대타'의 역할에 더 잘 어울린다고 볼 수 있겠습니다.

분노하는 곰형님

앞서 말한 특수성을 토대로, 이모티콘 캐릭터에게는 몇 가지 시각적인 특징이 있습니다. 제 나름대로 몇 가지를 정리해 본다면, 아래와 같은 것들이 있겠네요.

이모티콘 캐릭터의 특수성	이에 따른 시각적인 특징
단발적으로 사용된다	원톤 명암을 사용하거나 명암이 없다
	단순한 색을 사용한다
	굉장히 직관적인 형태/비율로 만들어진다
비대면 소통의 도구로 사용된다	다이어그램적인 이미지가 사용된다
	의미없는 복장,소품은 최대한 배제한다
나를 표현하는 대타로 사용된다	동물 캐릭터로 표현되는 경우가 많다
	성격/외모적 특징이 과장된 형태로 표현된다

자, 그럼 조금 구체적으로 앞서 예시로 들었던 '꽃에 물을 주는 여자' 그림을 이모티콘에 맞는 형태로 변형해 보는 작업을 해 보겠습니다.

굉장히 직관적인 형태, 비율로 만들어진다

먼저 캐릭터의 비율입니다. 그림에서 물을 주고 있는 캐릭터는 6등신으로, 보통 일반인의 비율과 비슷한 형태입니다 이모티콘처럼 작은 사이즈에서 6등신 캐릭터의 전신이 그려지는 경우에는 그만큼 얼굴과 표정이 보여지기 힘들고, 그 대신 몸의 리얼한 움직임이 두드러지는 형태로 제작이 됩니다. 정적인 표현보다는 동적인 표현에 어울리는 형태라는 것입니다. 실제로 판매되고 있는 대부분의 6~7등신 캐릭터들이 로토스코핑(실제 움직임을 여러 장의 사진으로 찍어 애니메이

얼굴 표정이 더욱 잘 드러나는 2등신 캐릭터

선화 하는 작업)을 이용한 큼직큼직한 동작을 표현하는 형태로 만들어 지고 있기도 하고요. 하지만 이 외의 대부분의 캐릭터들이 2등신의 형태로 구상됩니다. 가장 귀엽고, 심플하게 캐릭터를 표현하면서도 얼굴 표정을 부각시킬 수 있다는 장점이 있기 때문이지요.

의미없는 복장/소품은 최대한 배제한다

2등신으로 변환하고 보니, 구성하고 있는 요소들이 조금 더 명확 하게 드러나는군요. 어떤 것들이 있는지 짚어 보면 이렇습니다.

- 꽃에 물을 주고 있는 여자
- 물뿌리개
- 화분과 꽃
- 나비

이모티콘이 소통의 도구로 사용되는 만큼, 이미지 또한 명확한 의 미를 가지고 그려져야겠지요. 이런 점은 마치 '다이어그램'이나 '아 이콘'과 닮아 있습니다. 남성 혹은 여성을 나타내거나, 사람이 하는 행위나 액세서리, 도구 등을 심플하고 명확하게 그려 내는 것으로 우리는 이 아이콘이 전달하고자 하는 의미를 읽어 냅니다. 필요 없 는 디테일은 오히려 가독성을 떨어뜨릴 뿐이지요. 이처럼, 이모티콘 에 쓰이는 이미지 또한 상황, 기분을 전달하기 위해 꼭 필요한 요소 들만을 남기고 제거해 주는 것이 더욱 명확합니다. 그렇다면 예시 그림에서 필요 없는 요소는 무엇일까요? 그것을 알기 위해서는, 이 그림이 전달하려는 메시지가 무엇인지를 먼저 설정해야 합니다. 꽃에 물을 주는 행위는 제한적이므로, 이 행위 자체를 비유법으로 생각해 보았습니다.

꽃에 물을 주는 행위는 '~를 키운다'라는 의미를 담을 수 있습니다. '꽃'을 카카오톡 대화를 하는 상대방으로 비유해서 '오구 내새끼, 잘 자라라~'의 의미로 사용될 수도 있겠군요. 혹은 ' 꽃에게 있어 '식사'인 물을 주는 행위를 '밥먹자'라는 의미로 사용하게 될 수도 있겠습니다. 그런 의미로 생각해 보니 '나비'는 딱히 필요한 요소가 아닌 것처럼 보입니다.

나비는 꼭 필요한 것인가?
꽃에 물을 주는 행위가 뜻하는 것은 무엇인가?

조금 더 심화해서 생각해 보니, '물을 주었더니 꽃이 잘 자라'의 '자라'를 동음이의어로 사용하는 방법은 어떨까 하는 생각이 들었습니다. 잠자기 전에 보내는 이모티콘으로 사용할 수 있는 형태로요. 말장난은 이모티콘을 재미있게 만들어 주는 요소 중 하나입니다. 하지만 텍스트로 '잘 자라'만 표현해 놓으면 직관성이 너무 떨어지겠네요. 직관성을 높이기 위해 '꽃' 대신 '달'이 화분에서 자라는 형태는 어떨까? 잠들기 직전이니 캐릭터가 잠옷을 입고 있는 것은 어떨까? 이런 식으로 바꾸다 보면, 직관적이면서도 처음엔 생각하지 못했던 재미있는 표현을 찾아낼 수 있게 됩니다.

'꽃에 물을 주는 여자'의 그림을 변형시켜 만들어 본 '잘 자라'의 이모티콘적 표현

동물 캐릭터로의 표현

이것으로도 나쁘지는 않지만, 조금 더 이모티콘에 맞게 풀어 보자면 캐릭터를 동물화시키는 것도 아주 좋은 방법입니다. '잘 자라~'라는 표현은 굳이 젊은 여성이 한정적으로 쓰는 것만은 아니기 때

문에, 성별이 구체적으로 드러나지 않는 동물형 캐릭터로 변형해 보는 것이지요. 보통 사람들에게 친근하게 자주 쓰이는 동물로는 토끼/고양이/개/곰 정도가 대표적이며, 동물이 가지고 있는 특별한 속성(예를 들면 소는 게으르다든가, 여우는 교활하다든가, 돼지는 많이 먹는다.)을 활용하여 사용하는 것도 좋겠지요.

흰 토끼로 변형한 이미지

잠옷을 입힌 토끼 이미지

무난하게, 토끼 이미지로 변경해 본다면 아마도 이런 느낌이 될 것 같네요. 가장 심플한 하얀 캐릭터도 좋지만, 다른 토끼 캐릭터들과 차별성을 둘 수 있는 포인트가 있으면 더 좋습니다. 잠이 많은 잠토끼라 잠옷을 항상 입고 있다든가, 수면 안대를 끼고 있다는 식으로 말이죠.

3. 이모티콘 캐릭터와 색

　다음으로는, 이모티콘 캐릭터의 색에 관한 이야기를 조금 더 심화해서 이야기해 보려고 합니다. 이모티콘 인기작들을 둘러보면, 항상 드는 생각이 있습니다. 바로 '왜 이렇게 흰색 캐릭터들이 많지?'라는 것인데요. 이모티콘 출시를 위해 개성 있고, 독특한 형태의 캐릭터를 만들어야 할 것 같다는 저의 생각과는 다르게, 꽤 많은 캐릭터들이 검은 선에 하얀 몸뚱이를 가진 심플한 형태로 만들어져 있습니다. 특히나 10대, 20대가 좋아하는 이모티콘의 경우에는 더욱 그렇습니다. 이것에 대해서 제 나름의 결론을 내리자면 '흰색은 이모티콘이 가지는 특성과 가장 어울리는 색이다'라는 것입니다.

　모든 색들은 각자의 이미지를 내포하고 있습니다. 캐릭터뿐만 아니라, 우리 주변의 모든 사물, 사람, 심지어는 자연물까지도 색을 통하여 가지는 이미지가 있지요. 빨강은 정열, 노랑은 따스함, 파랑은 차가움, 초록은…… 군대(?!) 그렇다면, 흰색은 어떤 이미지를 가지고 있을까요?

　기본적으로 흰색이 가지는 이미지를 나열해 보면 다음과 같습니다.

- 아무 것도 없음(무속성)
- 선함의 이미지
- 성스러운 이미지
- 죽음(상복)

이 중, 우리가 흰 이모티콘을 보면서 느끼는 이미지가 무엇일까 곰곰이 생각해 봅시다. 소수의 '신'을 표현한 이모티콘은 성스러움을 내포하고 있는 듯 하고, 귀신 이모티콘의 흰 소복은 죽음을 뜻할 수도 있겠군요. 하지만 기본적으로 흰 이모티콘들이 가지고 있는 이미지는 '무속성'의 이미지일 듯합니다. 가볍고, 범용적이고, 한정되지 않는, 장벽이 없는 이미지로서의 '흰색'이요. 이러한 부분은 '이모티콘'이 가지는 특징과 잘 맞아 떨어집니다. 최대한 많은 사람들이 가볍게 쓸 수 있는 이모티콘을 만들기 위해서는 '무속성'의 색인 흰색이 가장 좋지 않았을까요?

물론, 제가 하고 싶은 말이 '흰색' 이모티콘을 만들자는 것은 아닙니다. 자신의 캐릭터에 적합한 색이 무엇인지를 고민할 필요가 있다는 것이지요. 나만의 캐릭터에 가장 적합한 색은 무엇일까요?

이것에 대해서는 참조할 만한 좋은 자료가 하나 있습니다. 바로 플루치크의 감정 바퀴라는 것인데요.

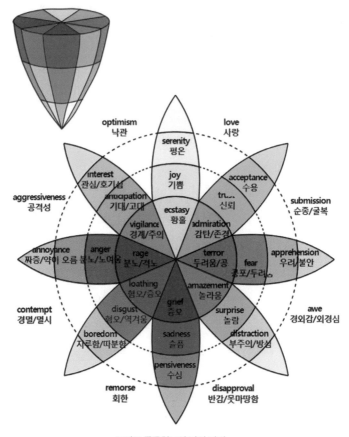

로버트 플루치크의 감정 바퀴

미국의 임상 정신과 의사였던 로버트 플루치크가 만든 이 도표는, 기본적으로 8가지의 감정을 토대로 색을 분류했습니다. 원의 중심으로 갈수록 감정의 강도가 높아지고, 이에 따라 색의 명/채도도 같이 높아지고 있는 것을 볼 수 있습니다. 이렇게, 감정에 기본적으로 매치되는 색을 참조하여 캐릭터의 색을 정하면 조금 더, 이모티콘의 성격을 직관적으로 표현할 수 있게 됩니다.

하지만, 카카오 이모티콘에서는 색을 쓰면서 기피해야 할 요소들
도 있습니다.

–이모티콘이 사용될 기본 색(하늘색)과 비슷하거나 겹치는 색을 쓰는 것

(이모티콘이 카카오톡 창에서 사용될 때 마치 투명한 것처럼 보이므로 지양합니다.)

–의미 없이 너무 많은 색을 담는 것(작은 이미지 안에서 너무 많은 색을 입히게 되면 시

안성이 떨어집니다.)

-테두리와 비슷한 컬러로 색을 칠하는 것(선과 면의 구분이 어려워 시안성이 떨어집니다.)

이렇게, 카카오 이모티콘이라는 특수성을 고려하는 것도 잊지 말아야겠지요?

4. 내가 구성한 콘셉트 캐릭터화 시키기

위의 요소들을 고려하여, 이제는 자신이 구상한 컨셉에 맞는 캐릭터를 직접 구상해 보아야 할 차례입니다. 이미 메시지 구성 단계에서 캐릭터의 성격과 이미지를 구체화하시는 분들도 있지만, 같은 메시지라도 여러 가지 이미지적 가능성을 가지고 있습니다. 귀엽게, 혹은 괴기스럽게 그려질 수도 있고, 진지하게 풀어낼 수도 있지요. 여러분의 이해를 돕기 위해, 제가 구상했던 '변명 콘셉트의 이모티콘'을 예시로 들어 볼까 합니다.

〈변명티콘〉

누가	누구에게	어떤 상황에서	어떻게
젊은 남녀	친구/지인에게	실수 후 변명하는 상황	최대한 뻔뻔/ 당당하게

변명하기는 이미 이모티콘에서 자주 사용되는 콘셉트로, 지각하거나, 약속, 숙제, 연락을 잊는 등의 민망한 상황에서 유머러스하게 넘어갈 수 있도록 해 주는 유용성을 가지고 있습니다. 저는 이 콘셉

트로, '어떤 캐릭터'가 '어떻게 변명할 것인가'에 대해 몇 가지 대안을 만들어 보았습니다.

캐릭터 1. 더듬더듬 말하는 더듬벌레

귀엽고 심플한 벌레 캐릭터 / 더듬이가 특징 / 더듬더듬 말함

캐릭터 2. 변명 발표회

PPT 하듯이 변명을 발표/유쾌,당당함/심플한 흰둥이 캐릭터

캐릭터 3. 무림의 변명고수

재수없는 표정/무술하듯 변명/무술스러운 포즈

위와 같이, '변명'이라는 메시지를 가지고 어떤 뉘앙스로 풀어낼지에 따라, 혹은 어떤 이미지 요소로 풀어낼지에 따라 다양한 형태의 캐릭터를 생각해 볼 수 있게 됩니다. 여러분도, 한 가지의 이미지가 아닌 다양한 형태의 캐릭터들을 구상해 보고, 그 안에서 가장 마음에 드는 형태를 고르는 것을 추천드립니다.

(로브리 작가님의 소시미 이모티콘. '소심한'이라는 콘셉트 메시지를 공포의 대상인 '유령'캐릭터로 표현하여 반전 매력을 주었습니다.)

4단계 24종의 이미지 표현

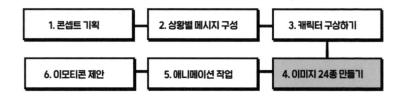

자, 이제 우리에게는 다양한 메시지 리스트와, 그 메시지들을 표현할 캐릭터가 모두 갖추어졌습니다. 그렇다면 다음은, 나의 캐릭터로 그 메시지를 표현하는 이미지를 작업할 차례겠지요! 같은 메시지라 해도, 표현하는 방식에 따라 느낌이 상당히 다릅니다. 이모티콘 샵에서 모든 이모티콘에 거의 필수적으로 들어가는 '사랑해'의 표현을 쭈욱 둘러보세요. 같은 표현이지만 이모티콘에 따라 하트를 물고 뜯고 던지고 부비고 쥐어 주고 건네 주고……. 정말 다양한 방식으로 표현해 내고 있습니다. 애니메이션이나 미술 전공자가 아니었던 저는, 이렇게 독창적인 표현법이 처음부터 쉽게 떠오르지가 않더라고요. 제가 출시한 이모티콘인 '짤방 세트' 시리즈는 동물이나 식물

캐릭터가 한 이모티콘에 여럿 등장하는 형태였습니다. 다양한 캐릭터 덕분에 이모티콘이 더 다채로워 보이는 이점이 있었지만, 그럼에도 불구하고 각 메시지들을 표현하는 방식이 단조로운 느낌을 없애기가 쉽지 않았어요. 어떻게 하면 더 독창적인 표현이 가능할까에 대한 고민을 하다 보니, 저만의 '단계'를 생각해 보게 되었습니다.

각각의 단계를 설명하기 위해, 제가 작업했던 '식물 짤방 세트'의 도안 중 한 가지를 예시로 들어 볼까 해요. 저는 기본적으로 말장난 개그를 기반으로 메시지를 만들기 때문에, 제가 만들어 보고 싶은 도안은 '오이'를 소재로 한 '오이가 없네'라는 메시지였습니다.

독창적인 표현법의 단계

표정

우리의 감정이 가장 먼저 드러나는 곳이 어디냐고 하면, 역시 얼굴이겠지요. 그래서 저는, 작업을 할 때 얼굴 표정을 먼저 생각하는 편입니다. 먼저, 어이없어하는 오이의 다양한 표정을 그려 보고, 그 중 마음에 드는 것으로 결정합니다.

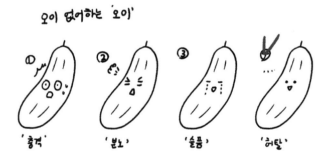

몸짓

제가 처음에 생각한 이미지는, 오이가 스르륵 사라지면서 '오이가 없네'라는 메시지가 뜨는 것이었습니다. 그렇지만 역시 단조롭게 느꺼져서, 사라지면서 손을 흔드는 건 어떨까? 라는 생각으로 추가적인 몸동작을 넣어 보았습니다.

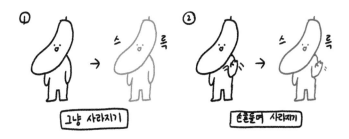

그냥 사라지기   손흔들며 사라지기

서브 도구 및 캐릭터

그래도 약간 단조로운 느낌을 지울 수 없네요. 이럴 때는, 비슷한 계열의 다른 캐릭터들을 넣어 보거나, 개성 있는 도구들을 추가하는 편입니다. 중요한 점은 너무 과하지 않은 수준이어야 한다는 것입니다. 기껏해야 360픽셀의 이미지이기 때문에, 욕심내서 너무 많은 것을 넣어 버리면 이미지가 난잡해질 수도 있기 때문입니다. 저는 고민 끝에, 오이지통이라는 도구를 생각했습니다. 오이가 그냥 스르르 사라지는 것이 아니라, 마치 생을 마감하는 듯한 느낌으로 오이지통으로 들어가면 보다 재밌고 유니크한 표현으로 보여질 듯합니다.

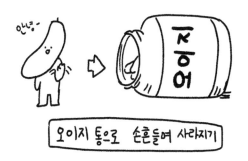

오이지 통으로 손흔들며 사라지기

모션 연출

　모션 연출은 그 역량에 따라 차이가 심하게 나는 편입니다. 정지 이미지는 단조로워 보였지만, 모션 연출을 잘 처리해서 매력적인 이모티콘이 되기도 하구요. 추후에 작업이 반복되지 않으려면, 이러한 모션 연출 또한 러프 이미지를 구상할 때부터 머리에 그려 놓는 것이 좋습니다. '오이가 없네' 이미지의 경우 오이가 뒤로 빠지면서 오이지통으로 들어가는 모션을 생각했는데, 어딘가 심심한 느낌이 듭니다. 오이가 360도 덤블링을 하며 오이지통으로 빠지는 형태로 하면 좋겠다는 생각도 들지만, 안타깝게도 애니메이션 전문가가 아닌 저에게는 너무 어려운 미션입니다. 대신, 조금 더 역동적인 느낌을 내기 위해, 카메라 앵글이 이동하는 것처럼 오이지통을 오이 방향으로 조금 밀어내는 형태를 구상했습니다. 간단한 작업임에도 불구하고, 이렇게 하니 입체적인 효과가 나며 더 역동적인 형태로 보일 것 같네요.

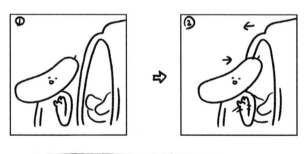

손 흔드는 오이는 오른쪽, 오이지 통은 왼쪽으로 움직인다

러프 이미지 만들기

메시지:오이가 없네
모션:오이가 손 흔들며 백스텝으로 오이지통으로 들어간다

완성된 러프 이미지 : 오이가 없네

이런 식으로 이미지가 너무 비슷하거나 단조롭지 않게, 다양한 러프 이미지를 만들어 봅시다. 메세지 리스트를 넉넉하게 만들어 놓았다면, 러프 이미지도 그에 맞게 넉넉하게 24종 이상으로 작업해 보는 것이 좋습니다. 메시지로 생각했을 때는 좋아 보였지만, 실질적으로 활용도가 떨어지는 표현들이나, 이미지적으로 완성도가 떨어지는 것들이 있을 수도 있으니까요.

다양한 러프 이미지 리스트

이것은 제가 샘플로 만들었던 러프 이미지 리스트입니다. 각각의 이미지에 담긴 메시지와, 어떤 동작으로 움직일 것인지에 대한 설명을 적어 놓았습니다. 이쯤 되면 슬슬 이모티콘의 윤곽이 잡히는 듯하군요. 하지만 문제가 있었습니다. 넉넉하게 만든답시고 구성한 28종의 이미지가 모두 마음에 들었던 것이죠. 어떤 것을 우선으로 넣고 뺄지 감이 잘 안 잡히는 거예요. 이럴 때는, 간단한 '사용성 테스트'를 해 보는 것이 좋습니다. 각각의 이미지를 핸드폰으로 전송하여, 지인들, 혹은 동료들에게 실제 이모티콘처럼 사용해 보는 것이죠. 친구와 다양한 몇 가지 상황극을 만들어 보는 것도 좋습니다. 실제 대화를 통해 자주 사용하는 이미지와 생각보다 사용하지 않는 이미지를 구분하고, 자주 사용되더라도 딱히 인상 깊지 않은, 별로인 이미지는 어떤 것인지를 추려 보는 것이지요.

저는 사실, 러프 이미지 24종을 작업하기까지가 가장 중요한 단계라고 생각해요. 그렇기 때문에, 만약 추려 낸 24종의 러프 이미지에서 스스로 부족한 부분이 계속 눈에 보인다면 몇 번이고 수정한 후에 최종 이미지 작업에 들어가는 것을 추천합니다. 사실 최종 이미지 작업은 생각보다 단순합니다. 러프 이미지 작업을 하면서 생각해 놓은 것들을 그대로 구현하기만 하면 되니까요. 포토샵을 기준으로, 어떤 식으로 작업하는지를 간단하게 설명해 보자면 다음과 같습니다.

실전 이모티콘 이미지 만들기!

최종 이미지 작업하기

이미지 사이즈 설정하기

1440×1440 사이즈, RGB, 해상도 300dpi의 파일을 만듭니다(최종
작업본의 사이즈는 360×360이지만, 작업상 수정 및 다른 용도로 사용할 경우를 대비해
조금 더 큰 사이즈로 작업하시는 게 좋습니다.).

러프 이미지를 불러옵니다.

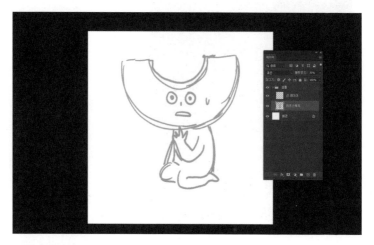

러프 이미지의 불투명도를 20~30퍼센트로 낮춥니다.

선 레이어를 작성합니다.

새 레이어에 러프 이미지를 토대로 선을 그어 작업합니다.

컬러 레이어를 하나 더 추가하여, 선 레이어 아래에 놓습니다.

캐릭터의 색을 칠합니다.

텍스트가 있다면 텍스트를 추가합니다(가독성을 위해 테두리에 검은 획
효과를 주었습니다.).

사이즈를 360 × 360으로 축소합니다.

채색된 곳 중에 삐져나오거나 덜 채워진 곳은 없는지 정리합니다.

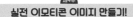

세세한 디테일을 위한 몇 가지 팁

생각보다 간단한 작업이죠? 하지만 작업을 하다 보면, 생각보다 깔끔하게 작업해 내기가 쉽지 않습니다. '동물 짤방 세트'를 처음 출시할 시기에도, 세세한 디테일에서 부족한 부분이 생겨 계속 피드백을 받았던 기억이 납니다. 그래서, 제가 작업하고, 피드백을 받으면서 느낀 몇 가지 팁들을 추가적으로 정리해 보았습니다.

브러쉬는 필압이 없는 것으로 작업하는 것이 깔끔

태블릿이나 포토샵뿐만 아니라 다른 그래픽 작업 툴도, 기본적으로 필압이 적용되어 있습니다. 이 필압을 정말 자연스럽게 잘 쓰시는 분들도 계시지만, 기본적으로 심플한 캐릭터 이미지를 그릴 때는 선의 굵기가 제멋대로 그려져서 완성도가 떨어져 보이는 원인이 되곤 합니다. 그러므로 브러쉬의 경우, 특별한 의도가 있는 것이 아니라면 필압이 없는 것으로 작업하는 것을 추천드립니다.

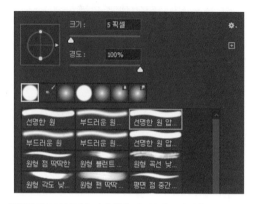

필압이 없으며 블러 효과가 없어 깔끔하게 쓰기 좋은 2번 브러쉬

아예 연필 툴을 쓰게 되면 도트 단위로 선이 그어져 가장 깔끔한 처리가 가능

손떨림 방지 옵션을 잘 사용하자

작업을 하다 보면, 태블릿 작업이 익숙하지 않아 손떨림 현상으로 선이 어색하게 그려지는 경우가 많습니다. 클립스튜디오를 사용하신다면 손떨림 방지 옵션을 적절히 사용하시면 좋고, 포토샵 또한 2018CC 버전부터 손떨림 방지 옵션이 추가되었습니다. 이것만으로 부족하시다면, 태블릿에 손이 닿는 부분의 마찰을 줄이기 위해 드로잉 장갑을 끼고 작업해 보세요. 확실히 선이 깔끔해진답니다.

포토샵에 추가된 손떨림 보정 기능

잘 미끄러지는 재질

드로잉 장갑은 정말 유용한 편이다.

채색이 빈 곳이 없는지 꼼꼼하게 체크하자

포토샵으로 채색을 할 경우, 단순히 페인트 통으로 색을 부어 버리면 선 부분과의 접점에 흰 테두리가 남게 됩니다. 이런 부분을 꼼꼼히 채색해 주지 않으면, 후에 채색이 드문드문 구멍 난 곳이 생길 수가 있으므로 유의하셔야 합니다. 클립스튜디오의 경우 그러한 현상이 조금 덜하지만, 그럼에도 불구하고 예각으로 그어진 선 부분은 색이 제대로 안 채워지는 경우들이 있으니 잘 체크하셔야 합니다. 이렇게 채색이 덜 된 부분을 확인하는 방법 중 하나는, 배경 레이어 색을 바꾸어 보는 것입니다. 배경 레이어 색을 검정색이나, 빨강색으로 바꾸어 채색이 빈 곳은 없는지 꼼꼼히 체크해 봅시다.

브러쉬

선에 블러처리가 되어
부드러워 보이지만
채색 시에 경계선이 하얗게 뜬다.

연필

선이 도트로 이루어져 있어
날카로워 보이지만
채식 시 깔끔하게 처리된다.

각자의 장단점이 있으므로 잘 사용합시다

배경을 빨갛게, 검게 바꾸어 보면 놓치고 있던 빈 곳들이 나타납니다

텍스트 사용 시 폰트 저작권 확인하기

우리가 무심코 사용하는 다양한 폰트. 그중에는 상업적 이용이 불
가능한 폰트가 있을지도 모릅니다. 그러므로 자신이 사용하는 폰트

의 이용 가능한 범위가 어디까지인지를 꼭 체크해 보아야 합니다. 만약 잘 모르겠다면, 상업적 이용이 가능한 무료 폰트만 모아 놓은 사이트에서 필요한 서체를 찾는 것도 방법이겠지요. 저는 '프로젝트 눈누'라는 사이트를 애용합니다. 이 사이트에서는 상업적 이용이 가능한 폰트들은 한눈에 체크할 수 있어 텍스트를 고를 때 상당히 유용한 편입니다.

다양한 무료 폰트가 모여 있는 사이트, 프로젝트 눈누. https://noonnu.cc/

애니메이션을 위한 레이어 분리

정지 시안을 기반으로 애니메이션 작업을 할 때에는, 크게 움직임을 주어야 하는 부분의 레이어를 따로 분리해 주면 작업이 조금 더 수월해집니다.

제5부

카카오 이모티콘 스튜디오에 제안하기

이제 애니메이션 3종만 제작하면 카카오 이모티콘 스튜디오에 제안할 준비가 끝나게 됩니다. 애니메이션 만들기, 말만 들어도 어렵게 느껴지시나요? 하지만 실제로는 그다지 어렵지 않습니다. 포토샵으로 어떻게 애니메이션을 만드는지 설명드리도록 하겠습니다.

5단계 애니메이션 작업

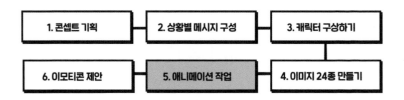

정지 이미지의 작업은 캐릭터업에 종사하는 전문가가 아니더라도 개성 있는 콘셉트로 얼마든지 표현이 가능하지만, 애니메이션 작업은 조금 다릅니다. 전문가의 역량에 따라 그 차이가 정말로 크게 나타나지요. 다른 애니메이션 작업과는 다르게, 카카오 이모티콘의 애니메이션 작업은 사이즈도 360×360으로 작은 편이고, 최대 24프레임을 넘길 수 없습니다. 이 안에서 모든 모션을 표현해 내야 한다는 건데, 역동적인 카메라 워크나, 쫄깃한 캐릭터의 움직임을 만드는 일은 초보자한테는 꽤나 어려운 미션입니다. 처음에는 단순하지만 귀여운 포인트가 될 수 있는 모션들 위주로 연습해 보며 차차 다양한 동작을 연구해 보세요. 저는 포토샵을 기준으로 어떻게 애니메이션 작업을 만드는지에 대한 간략한 설명을 드리려고 합니다.

전체적인 과정은 아래와 같습니다.

① 핵심 컷 아이디어 스케치

② 전 이미지를 기반으로 키 컷 연결하기

③ 포토샵 타임라인으로 시간 조절하기

④ Gif로 내보내기

핵심 컷 아이디어 스케치 및 선그림

먼저, 캐릭터가 어떻게 움직일지를 예측하여 움직임의 핵심이 되는 부분을 스케치로 작업합니다.

1. 땅 속에 파묻혀있는 당근   2.튀어오른다   3. 손을 뒤로 젖힌다   4. 중력에 의해 떨어지며 엉지 척!

확인 후에, 큰 이상이 없다면 선 작업 및 채색 작업을 진행합니다.

1. 땅 속에 파묻혀있는 당근   2.튀어오른다   3. 손을 뒤로 젖힌다   4. 중력에 의해 떨어지며 엉지 척!

핵심 컷을 기반으로 사이 컷 그리기

크게 움직이는 모습 위주로 핵심 컷을 그렸다면, 이제는 그 사이를 이어 주는 사이사이 컷을 작업할 차례입니다. 큰 연결 동작을 부드럽게 표현할 수 있도록, 이어지는 그림을 작업합니다. 포토샵에서 핵심 컷을 아래에 놓고, 불투명도를 30% 이하로 설정하여 참고하며 그려 냅니다.

당근이 땅속에서 꿈틀거리는 모습을 구현하기 위해, 움직이는 사이 컷을 작업

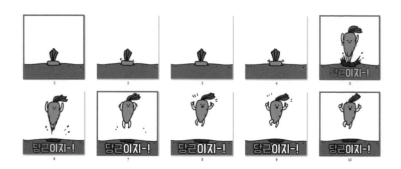

총 10개의 이미지가 만들어졌습니다

포토샵 타임라인 기능으로 GIF 만들기

이제, 완성된 10개의 이미지를
연결하여 움직이는 gif 파일로 만
들 차례입니다. 먼저, 포토샵에
서 10개의 파일을 각각의 레이어
로 구성해 놓습니다.

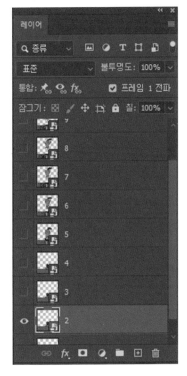

한 파일에 각자 다른 레이어로 구성해 놓은 이미지들

애니메이션을 만들기 위해 포토샵의 (창)-(타임라인)을 눌러 타임라인 창을 불러옵니다.

타임라인 탭에서 '새 프레임 만들기' 아이콘을 클릭하여 다음 프레임을 만들고, 2번 레이어만 보이도록 설정합니다.

같은 방식으로 10번 프레임까지 작성합니다.

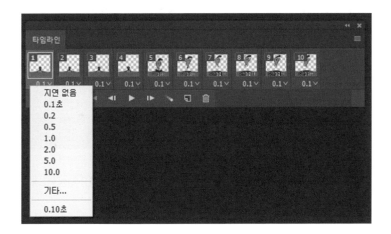

프레임별로 우클릭하여 지속 시간을 설정합니다. 0.1초 이하의 시간은 [기타]를 클릭하여 직접 입력이 가능합니다.

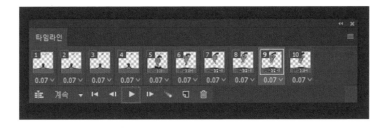

저는 조금 스피디한 모션을 위해 프레임당 0.07초로 설정해 보았습니다. 하단의 [재생] 버튼을 눌러 실제로 어떻게 움직이는지를 확인해 봅시다.

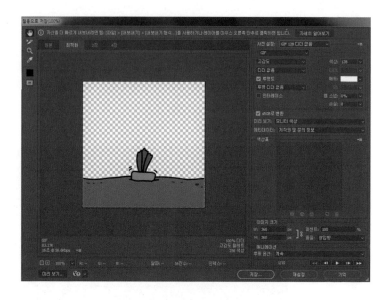

**상단 탭의 [파일]-[내보내기]-[웹용으로 저장]을 클릭하여 저장합니다.
(단축키 Ctrl+Alt+Shift+S)**

파일 형식은 GIF로 설정합니다. [저장]을 클릭하여 저장합니다.

자, 위와 같은 방식으로 3개 이상의 움직이는 이모티콘 감정 표현
이 제작이 되었다면,

드디어 모든 준비가 완료된 것입니다. 대망의 '카카오 이모티콘 제
안'을 할…!!

6단계 최종 제안서 제출하기

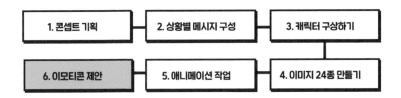

1. 콘셉트 기획	2. 상황별 메시지 구성	3. 캐릭터 구상하기
6. 이모티콘 제안	5. 애니메이션 작업	4. 이미지 24종 만들기

카카오는 2017년부터 '카카오톡 이모티콘 스튜디오'라는 홈페이지를 만들어 운영하고 있습니다. 기존에는 메일을 통해 이모티콘 제안을 넣었다면, 지금은 이미지 및 텍스트로 친절하게 설명이 된 홈페이지를 통해 누구든 쉽게 이모티콘 제안을 넣을 수 있는 형태가 된 것이죠.

카카오톡 이모티콘 신규 제안하기

신규 제안

● 필수 입력 항목입니다.

이모티콘 정보

스튜디오 유형

😊 움직이는 이모티콘　　　　　　　　　　　OPEN STUDIO

이모티콘 상품명 ●

이모티콘 상품명을 입력해주세요.

· 필수 입력 정보를 확인해주세요. 이모티콘 제목

이모티콘 시리즈명 ●

이모티콘 시리즈명 혹은 캐릭터명을 선택해 주세요.　∨

이모티콘 설명 ●

이모티콘 제작 컨셉 혹은 캐릭터에 대한 설명을 작성해 주세요.

0/200자

참고 사이트

해당 이모티콘과 관련된 홈페이지 또는 블로그　　　　　　　+

참고 자료 첨부

해당 이모티콘 심사에 도움 될 수 있는 기타 참고자료가 있다면 첨부해주세요.　찾아보기

· 20MB 미만, Zip파일로 올려주세요.

신규 제안을 클릭하면 나오는 입력창

[신규 제안]을 클릭하면, 간단한 입력창이 나옵니다.

이모티콘의 시리즈명 및 이번 이모티콘의 제목, 그리고 이모티콘에 대한 간략한 설명을 적습니다. 여기까지는 명확한 내용인데, 문제는 아래의 '참고 사이트'와 '참고 자료 첨부' 부분입니다. 처음 제안을 하려고 보면 이 항목에 어떤 내용을 적어야 할지, 정확하게 감이 안 오는 것이죠. 사실, 아래의 두 항목은 필수 기입 항목이 아니라 그냥 넘어가도 되기는 하지만, 처음 이모티콘을 제안하는 입장에서는 '이 이모티콘이 어째서 출시할 만한 가치가 있는지'를 최대한 어필할 수 있으면 좋잖아요(오히려 전작이 대박 난 이모티콘의 후속작의 경우는 추가로 설명할 내용이 필요 없을지도 모르겠습니다. '전작의 판매량'이 모든 것을 말하고 있으니까요.)?

제가 카카오 직원은 아니지만, 저나 다른 작가님들의 이야기를 통해 대략 어떤 내용들을 담는지에 대한 간략한 이야기를 추려 보면 다음과 같습니다.

참고 사이트

-작가 활동을 하는 경우 주로 작가의 SNS 계정

-이모티콘에 나오는 캐릭터가 쓰이고 있는 관련 홈페이지

-이모티콘 콘셉트를 보여 줄 수 있는 레퍼런스 페이지

이모티콘을 기본적으로 '상품'이라고 생각했을 때, 이 상품을 더 많은 사람들이 구매할 수 있게 홍보할 수 있는 채널이 있다는 사실은 강력한 장점이 됩니다. 주저 말고 적는 것이 좋습니다.

참고 자료 첨부

   -회사 혹은 작가 소개

   -캐릭터에 관한 디테일한 설정

   -시리즈물의 저번 판매 순위

   -트렌디한 콘셉트에 대한 이모티콘이라면 트렌드의 사진자료 및 설명

   -각 감정 표현에 맞는 모션 설명(핵심 프레임과 함께)

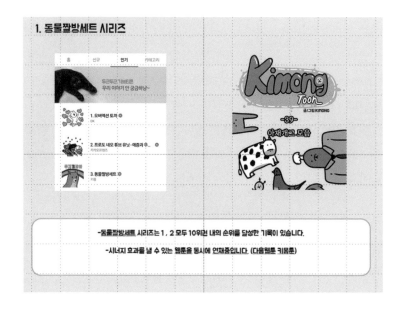

써 놓고 보니 굉장히 해야 할 것이 많아 보이지만, 위의 내용을 전부 적는 사례는 본 적이 없는 것 같습니다. 각자 자신의 이모티콘을 어필할 수 있는 요소들을 추려 봅시다. 저는 이 중에서도, 5번째 모션에 대한 설명을 잘 적는 부분은 꽤나 중요하다고 생각합니다. 신박한 모션을 구상하고 만들었는데, 3개를 제외한 21개는 정지 이미

지로 제출하여 잘 어필할 수 없게 되면 아쉽잖아요!

1.마늘이 볼을 만지작거린다. 2.부들부들 떨며 힘을 주는 마늘. 3.알마늘을 뽑아낸다. 4.만족스러운듯 웃는 마늘.

매력적인 모션은 여러 컷으로 설명하면 효과적입니다

   그렇게 참고 자료까지 완벽하게 제출하고 나면, 최종적으로는 2~4주 후에 제안서의 결과를 받아볼 수 있습니다. 시험 합격 발표를 보는 마음으로, 두근두근하며 제안 결과를 기다려 봅시다.

제안서 제출, 그 이후

제안서의 결과는 명료하게 두 가지로 나뉩니다. 승인, 혹은 미승인.

미승인 메일을 받았을 경우

제안 상태

미승인**되었습니다.**

카카오 | 2019.07.11 16:32

안녕하세요. 카카오 이모티콘 스튜디오입니다.
카카오 이모티콘에 관심 가지고 제안 주셔서 감사합니다.

이모티콘 제안 내용을 빠짐없이 검토하였고, 내부 담당자 사이에 많은 고민이 있었으나,
아쉽게도 제안 주신 콘텐츠는 진행이 어려울 것 같습니다.

어렵게 제안 주셨지만, 긍정적인 답변 드리지 못하는 점 다시 한번 양해 말씀드립니다.
카카오 이모티콘 스튜디오의 모든 창작물을 존중하며, 더 다양한 기회를 제공할 수 있는 콘텐츠 플랫폼이 될 수 있도록 노력하겠습니다.

차후에 더 좋은 기회로 만나 뵐 수 있기를 기대합니다.
카카오 이모티콘에 대한 깊은 관심과 애정에 다시 한번 감사드립니다.

카카오 이모티콘 스튜디오 드림

미승인 통보시 보게 될 메시지

사실 처음 이모티콘을 준비해서 제안서를 내는 일반인들 중에, 한

번에 합격하는 사람은 거의 없습니다. 심지어 이모티콘을 전문적으로 작업하시는 작가님들도 여러 번 제안을 넣은 후에야 승인이 나는 경우가 많구요. 저도 마찬가지로 미승인난 이모티콘 시리즈들이 많습니다. 하나하나 정성을 쏟아서 만든 이모티콘이 미승인 된다면 의기소침한 기분이 드는 건 당연한 일이겠지요.

하지만 한두 번의 시도로 '나는 재능이 없구나.'라고 결론짓기는 이릅니다. 처음에는 미승인이었지만 다시 수정하여 제안이 통과되는 사례들도 많고, 여러 종류의 재미있는 이모티콘 제안을 열 개 정도 넣었더니 한두 개가 승인 난 사례도 있습니다. 정말 이모티콘 제작자로 살아가고픈 마음이 있는 분이라면, 자신 나름의 기준을 세워 보는 것도 좋습니다. 저의 기준은 '최소한 5개 정도는 제안을 해 보는 것이 무조건 좋다'입니다. 이 기준은 창작자적인 장인정신에서 세운 것이 아니라, 지극히 현실적인 '가성비'의 측면에서 세운 것인데요, 하나의 이모티콘 제안서를 만드는 데에 드는 시간을 최대 40~50시간으로 잡고 보았을 때, 5개의 제안서를 제출하는 데에는 대략 200~250시간 정도가 들게 됩니다. 만약 이 중, 하나의 이모티콘만 제안서가 통과가 되었다고 합시다. 이모티콘의 판매 수익은 순위에 따라 천차만별이지만, 신규 이모티콘으로 상위 노출이 되는 기본적인 홍보 효과를 고려하였을 때, 초반 30위권에만 머물러도 최소 300만 원 이상의 수익이 발생합니다. 이건 어디까지나 최소의 이야기이고, 정말 잘 만든 이모티콘은 억 단위의 수익을 올리기도 하겠지요. 그렇다면, 최소 시급 만 원 이상의 부업, 거기에 추가적인 부가가치가 엄청난 나만의 상품을 만들 수 있는 기회를 어영부영하게 넘기는 건 너무 아쉬운 일이 아닐까 하는 생각이 들더라고요. 물론,

이건 어디까지나 저의 기준입니다. 여러분들도 각자의 기준을 만들고, 그 기준 안에서는 미승인에 연연하지 않고 도전해 보는 것을 추천드립니다. '이모티콘 미승인'은 도전의 끝이 아니라 과정일 수도 있는 거니까요!

이모티콘 승인 메일을 받았을 경우

승인**되었습니다.**

> 카카오 | 2019.05.15 18:39
>
> 안녕하세요. 카카오 이모티콘 스튜디오입니다.
> 좋은 제안 주시고, 심사가 진행되는 동안 기다려주셔서 감사합니다.
>
> 제안 주신 이모티콘 시안이 승인되었습니다.
> 함께 좋은 상품을 만들어나갈 수 있어 매우 기쁘게 생각합니다.
> 이후 상품화 절차는 카카오 CMS(이모티콘 상품화 진행 및 관리 사이트)를 통해 진행됩니다.
>
> 상품화 절차에 앞서 카카오와의 계약 혹은 CMS 안내가 필요한 경우 별도 담당자를 통해 메일 드릴 예정입니다. 제안 시 등록하신 이메일을 통해 2주 이내 연락드리겠습니다.
>
> 카카오 이모티콘에 대한 깊은 관심과 애정에 다시 한번 감사드립니다.
> 카카오 이모티콘 스튜디오 드림
>
> ** 비고. 승인된 제안이더라도 저작권 및 초상권 등을 현저히 위반하여 이모티콘 스토어에서 판매할 수 없다고 판단되는 경우, 승인 결과는 철회될 수 있습니다.

이모티콘 승인시 받는 메시지

감격의 눈물을 흘리며 받게 될 승인 메일입니다. 이모티콘 제안이 승인되었을 경우에는 계약서를 작성하고, 카카오 측과의 지속적인 피드백을 주고받으며 이모티콘 상품화 과정을 거치게 됩니다. 이 과정에서는 24종(혹은 32종)의 이모티콘뿐만 아니라, 이모티콘 상품에 쓰일 아이콘 이미지, 선물 이미지, 타이틀 이미지를 추가적으로 작업하게 됩니다.

① 아이콘 이미지(off/on)

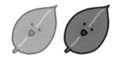

이모티콘을 사용하기 위해 클릭하는 아이콘. 작은 사이즈로 제작
되어 직관성이 있는 캐릭터로 구성합니다. 활성화된 on 버전과 off
버전 두 가지를 작업해야 합니다.

② 선물 이미지

이모티콘을 타인에게 선물할 경우 보여지는 이미지. 상단의 배너
부분을 새롭게 디자인해야 하며, 전체 이모티콘 중 16종만 노출되는
형태로 구성됩니다.

③ 타이틀 이미지

상품 판매시 제목과 함께 보여지는 메인 이미지로, 자신이 작업한 이모티콘의 성격을 가장 매력적으로 잘 보여줄 수 있는 이미지를 선택하여 구성합니다.

이 작업물들에 대한 디테일한 내용은, 이모티콘 승인과 함께 확인할 수 있는 카카오의 이모티콘 제작 매뉴얼에 자세히 설명되어 있으니 잘 맞추어 따라가면 됩니다.

이렇게, 피드백을 주고받으며 최종 작업물을 완성하기까지는 대략 2개월 정도의 시간이 걸리며, 최종 완성 파일이 컨펌이 난 후에는 오픈일까지 1~3개월 정도의 대기 기간이 있습니다. 그리하여 총 3~5개월 정도의 기간을 거쳐 이모티콘을 출시하게 되는 거지요. 이렇게 출시된 이모티콘은 매달 수익금을 정산하여 다다음 달 15일에 정산됩니다(3월 기간 동안 판매된 금액은 5월 15일에 정산). 이모티콘에 따라 차이가 있지만, 보통은 처음 출시된 달에 이모티콘 판매율이 가장 높습니다. 이후에는 점차 하강 곡선을 그리다가, 같은 시리즈의 차기작이 나올 때 함께 판매율이 상승하는 식으로 진행됩니다.

출시 이후의 홍보

이모티콘 작업이 마무리되고, 출시일까지 정해졌다면, 이제는 출시일에 맞추어 최대한 홍보를 할 계획을 세워야 할 때입니다. 이모티콘 제작에 도전하는 사람들이 늘어나고, 매일 신규 이모티콘이 8개씩 쏟아지는 이모티콘 시장에서 '홍보'란 이모티콘 자체의 퀄리티보다도 더 중요한 요소일지도 모릅니다. 출시 초에 인기 이모티콘 순위 상단에 랭크하지 못하면 쥐도 새도 모르게 묻히기 일쑤이니까요. 그렇다면, 열심히 만든 이모티콘은 어떤 방식으로 홍보해야 할까요? 아직 정형화된 규칙은 없지만, 현직 이모티콘 작가분들의 의견들을 취합하여 본다면 다음과 같이 나누어 볼 수 있겠습니다.

카카오 이모티콘 스토어의 광고 배너/플러스친구 푸시 광고

-카카오에서는 다양한 방식으로 신상 이모티콘의 홍보를 돕고 있습니다. 이모티콘 스토어에는 이모티콘 구매를 위해 유입된 사람들이 대부분이기 때문에, 이모티콘 스토어의 배너에 홍보되는 것은 사실상 가장 강력한 홍보 수단입니다. 배너의 경우 상품성이 높을 것으로 예상되는 이모티콘 시리즈에 한하여 무상으로 지원되는 시스

템이지만, 처음으로 이모티콘을 출시하는 경우에는 메인 배너나 플러스친구 푸시 광고에 선정될 확률이 높지는 않습니다. 하지만 'MD 추천 이모티콘', '주목해야 할 이번 주 신상' 등의 서브 홍보 배너는 신규 작품 위주로 선정되기 때문에 기대해 볼 만할 거예요.

카카오 이모티콘 스토어에서는 다양한 방식으로 신규 이모티콘을 홍보해 줍니다

SNS상의 이모티콘 홍보

—출시일에 맞추어, 자신이 운영하는 SNS상에 홍보하는 것도 필수적인 일입니다. 만약 자신이 운영하는 SNS(페이스북/인스타그램/트위터/유튜브)의 팔로워 수가 많다면 꽤 효과적인 홍보를 할 수 있겠지만, 대부분의 일반인은 팔로워 1,000명을 넘기기가 힘든 편입니다. 이런 경우 유명 SNS 채널에 홍보를 의뢰하는 경우도 있으니, 좋은 방법을 잘 찾아 최대한 다수에게 이모티콘을 어필해 봅시다. SNS상의 홍보용 게시글은 주로 다음과 같은 형태로 제작합니다.

대화 중 재미있게 쓰일 수 있는 상황을 어필하기 위해서는 카카오톡 대화 캡처 이미지 형태로 제작합니다

공들인 모션 작업을 어필하기 위해서는 짧은 동영상 형태로 제작합니다

독창적인 24종의 이미지를 어필하기 위해서는 전체 이모티콘을 한 이미지로 제작합니다

주변 지인들에게 이모티콘 선물하기

-가장 원시적인 방법이지만, 무시할 수 없는 방법입니다. 이모티콘 제작자라고 해서 이모티콘 구매를 무료로 할 수는 없습니다. 하지만 자신의 수익만큼을 페이백 받는다고 생각하고 그간 연락이 뜸했던 지인들에게 선물로 보내 줍시다. 눈물 나는 이야기지만, 어쨌든 작가 본인이 구매한 이모티콘도 판매량에 카운팅되기 때문에 순

위에 어느 정도 영향을 주며, 선물 받은 지인들이 감사의 마음으로 이모티콘을 열심히 사용해 준다면, 그 이모티콘을 본 지인의 다른 지인들의 추가 구매로 이어질 수도 있습니다.

위에 홍보 방식들로 홍보할 때, 잊지 말아야 할 포인트는 반드시 '출시 당일에 화력을 모아야 한다.'라는 점입니다. 보통 당일 판매량이 150개 정도가 되면 다음 날 인기 이모티콘 순위 100위권 안에 들어오게 됩니다. 인기 이모티콘 순위 상단에 위치할수록 구매자들의 눈에 띌 확률이 높아지므로, 초반 신규 이모티콘 부스트를 받을 수 있을 때 순위를 한껏 끌어올려 놓는 것이 좋습니다. 또한, 내 이모티콘을 구매한 사람이 다른 사람들에게 사용하는 것 자체로 2차적인 홍보가 되기 때문에, (일종의 다단계와도 비슷한 느낌……) 초반 판매량이 높은 이모티콘일수록 다음 날, 다음다음 날의 판매량도 쉽게 떨어지지 않습니다.

어떻게 하면 내가 원하는 창작을 통해 돈을 벌고, 프리랜서로 살아갈 수 있을까에 대한 고민을 해 오던 저에게, 이모티콘 제작은 가장 현실적인 해답이었습니다. 사실 저는 운이 많이 좋았습니다. 적절한 시기에, 적절한 기회가 찾아왔었던 거지요. 그렇기에 더욱, 뛰어난 능력을 가지고 있음에도 현실적인 문제로 창작의 꿈을 접어야 하는 사람들을 볼 때마다 너무 안타깝습니다. 프리랜서 4년 차에 접어들었지만, 재미있는 아이디어를 생각하고, 귀엽고 예쁜 캐릭터를 만들 줄 아는 사람들이 자신의 기량을 펼치기에 '이모티콘'만큼 좋은 시장은 없어 보입니다. '이모티콘'이 너무 새로운 분야라서, 나와는 다른 영역이라서 선뜻 도전하지 못하고 생각만 하는 분들에게 이 책이 조금이라도 도움이 되기를 바랍니다. 부족한 식견이지만, 조금이라도 제가 겪었던 경험과, 제가 관찰하며 정리한 기록들을 통해 더 멋진 이모티콘을 만들어 주실 수 있다면, 저에게도 크나큰 영광이 아닐 수 없으니까요.

책을 읽으시면서 더 궁금하신 부분이 있다면 hongly8919@daum.net으로 연락해 주세요! 제가 아는 한 도움이 될 수 있도록 할게요!

새로운 이모티콘 제작자가 될 여러분을 응원하며.

키몽이.

하이팅

권말 보너스 ①
[박짓장 이모티콘 작가님 인터뷰]

by kimong

작가님의 대표작/캐릭터는 무엇인가요?

멍무이 멍멍!의 멍무이와 냥냐이가 대표 캐릭터입니당!

이모티콘 작가가 된 계기는 어떤 것인가요?

예전에 알고 지내던 오케이툰 작가님께서 2014년에 카카오톡 이모티콘을 만드시는 것을 보고 저도 제가 만든 이모티콘이 카톡에 나오면 좋겠다는 생각이 들어서 군복무를 하는 동안 조금씩 준비해서 시작하게 되었습니다.

작업에 사용하는 툴은 무엇인가요?

아이패드 클립스튜디오 프로로 러프 모션을 만들고 그 뒤 추가 작업은 어도비 포토샵을 사용하여 작업합니다. 보통은 그냥 포토샵만 쓰기도 해요!

아이디어는 어디에서 얻으시는 편인가요?

커뮤니티 사이트를 많이 돌아다니면서 유머 요소를 찾기도 하고 친구들과 카톡으로 대화하면서 이런 상황에 이런 이모티콘이 있으면 좋겠다고 생각하는 것들을 정리해 두곤 해요.

이모티콘 작업에 있어서 가장 중요한 요소가 있다면 무엇인가요?

센스라고 생각합니다. 컨셉이나 캐릭터가 가진 매력, 귀엽고 참신한 모션, 그리고 홍보와 같은 요소들 모두 중요하지만 아무리 인기 있는 애니메이션 캐릭터라도 이모티콘에 맞게 바뀌지 않으면 생각보다 인기를 끌지 못하는 것처럼, 트렌드를 읽는 센스가 정말정말 중요하다고 생각해요. 요즘 들어 절실하게 느끼고 있습니다.

한 이모티콘당 작업 기간은 어느 정도 소요되나요?

한 달 조금 안 되게 걸리는 것 같아요! 아이디어를 일주일 정도 구상하고 모션 작업, 컬러 작업이 2~3주 정도 걸리고 하면 총 한 달 정도 걸리더라고요.

평소 작업은 어디에서 주로 하시나요?

모션 작업은 아이패드로도 가능해서 다른 작가님들과 카페에 가서 작업하기도 하지만 거의 대부분은 집에서 컴퓨터로 작업합니다.

이모티콘 작가의 장점이 있다면 무엇인가요?

재택근무가 가능하단 것이 장점이자 단점이 아닐까요? 회사에 출근 안 하고 유동적으로 일할 수 있다는 장점이 있지만 집이 곧 일터다 보니 도망갈 곳이 없으니까요. 그리고 가끔 제가 만든 캐릭터를 정말 귀여워해 주시면서 여러 팬아트 만들어 주시는 것을 보면 정말 감사드리고 뿌듯해지는 것도 장점인 것 같아요!! 언제까지 할 수 있을지는 모르겠지만 할 수 있을 때 최대한 열심히 일해야지요 =3

고맙다구로 하세요

권말 보너스 ②
[아거 이모티콘 작가님 인터뷰]

by kimong

작가님의 대표작/캐릭터는 어떤 것인가요?

'더미덤'입니다.

더미더미덤더미덤덤 / 귀요미미니미더미덤 /존댓말을해요더미덤

추석엔살안쪄더미덤 / 관심을주세요더미덤 / 사랑을담아서더미덤

이렇게 총 6개 이모티콘이 오픈되었습니다.

이모티콘 작가가 된 계기는 어떤 것인가요?

2016년도 말쯤에 주변의 권유로 장난 반 진심 반으로 넣었던 이모티

콘이 있는데 그게 통과되면서 자연스럽게 계속하게 되었습니다. 처음엔

아주 가벼운 마음이었어요.

작업에 사용하는 툴은 무엇인가요?

태블릿은 인튜어스 프로를 사용하고 있고, 데스크탑에서 포토샵만을

이용해 작업합니다. 최근에는 아이패드 프로를 구매하여서 모든 작업을

아이패드로 하려고 연습 중입니다.

아이디어는 어디에서 얻으시는 편인가요?

주로 제가 쓰는 말투나 주변(친구들)의 자연스러운 대화에서 착안하는

경우가 대부분이고,인터넷 커뮤니티, SNS에서 재밌는 소재들이 있다면 참고하기도 합니다. 제가 직접 사용하고 재밌다고 느끼는 아이디어들이 이모티콘으로 만들기에 수월하더라고요.

이모티콘 작업에 있어서 가장 중요한 요소가 있다면 무엇인가요?

저는 얼마나 활용도가 높은가에 중요도를 두고 있습니다. 그게 귀여움이든 장난스러움이든 전반적인 사용이 가능한지를 중요하게 생각합니다. 24개의 구성이 서로 티키타카가 가능한지, 하나의 콘셉트로 통일감을 유지하는지 등등 이러한 요소들은 기본 중에 기본이라고 생각합니다. 물론 캐릭터 자체의 매력도가 높을수록 좋지요. 복합적인 부분이라 뭐하나 딱 꼬집어서 얘기하기는 어려운 것 같아요.

한 이모티콘당 작업 기간은 어느 정도 소요되나요?

일반적인 스텝을 밟는다고 생각하면 구상을 하는 데 1~2주 정도 걸리는 듯하고, 이후 작업들은 스틸 이미지 1주, 움직이는 작업 2~3주 정도 마무리 작업은 2일 정도 걸립니다. 총 5~6주 꼬박 잡아야 만들어지는 것 같아요.

특수하게 카카오에서 급한 요청을 주었던 '추석엔살안쩌더미덤' 의 경우 구상부터 마무리까지 20일 정도 걸렸습니다. 빠르게 작업하면 3주 원래 템포대로 작업하면 6주 정도 걸리는 듯합니다. 물론 오픈이나 검수 일정에 따라 3개월을 꼬박 채워서 오픈한 적도 있고요.

평소 작업은 어디에서 주로 하시나요?

주로 집에서 작업을 하였습니다. 데스크탑에서 태블릿으로 포토샵 작업을 할 때에는 아무래도 이동이 불가능해서 따로 작업실을 구하거나 집에서 고정적인 공간을 활용할 수밖에 없더라고요. 요즘에는 근처 카페나 다른 작가님들과 만나서(물론 그곳도 카페) 작업하기도 합니다. 아이패드가 생기고 나서 고정적이지 않아도 작업을 할 수 있어서 매우 좋습니다.

이모티콘 작가의 장점이 있다면 무엇인가요?

대부분의 프리랜서들이 가지고 있는 장점을 전부 가지고 있다고 보면 됩니다. 생활도 작업도 본인의 스케줄에 따라 고무줄처럼 사용할 수 있는 게 가장 큰 장점이라 생각합니다. 타 프리랜서 직업군과의 다른 장점이라 하면 아무래도 정산이 깔끔하다는 게 가장 크지 않을까 싶네요. 이모티콘 작업 이전에 프리랜서로도 활동을 많이 했었는데 그때는 정산이 안 되거나 무기한으로 딜레이가 되거나 클라이언트와의 트러블도 많았는데 지금은 그런 것들이 없어서 아주 좋습니다.

또 한 가지로는 일을 따오는 개념이 아니라 자체적으로 만들어 내서 하는 일이기 때문에 일이 없거나 들어오지 않아서 걱정하고 불안해하지 않아도 된다는 것이 장점이면 장점일 수 있겠네요. 물론 본인이 움직이지 않으면 일이 없는 게 확정된다는 부분이 함정이지만요.

권말 보너스 ③
[메밀 이모티콘 작가님 인터뷰]

by kimong

작가님의 대표작/캐릭터는 어떤 것인가요?

메밀입니다! 가장 유명한 작품은 '놀자곰'이고, 그 외에도 이과티콘, 메밀, 유령, 꼬마찌 등 다양한 캐릭터로 다양한 종류의 이모티콘을 만들고 있습니다.

이모티콘 작가가 된 계기는 어떤 것인가요?

이모티콘 작가가 되기 전에는 웹툰 작업을 주로 하였는데요. 그러다 제 캐릭터를 카카오톡에서 실제로 사용할 수 있으면 좋겠다는 생각에 첫 이모티콘 작업을 하게 되었습니다.

작업에 사용하는 툴은 무엇인가요?

스케치부터 모션 작업까지 전부 클립스튜디오를 사용합니다. 포토샵에 비해 그림 작업에 특화된 기능이 많은 편이고, 모션 작업 시에 어니언 스킨(전후 프레임을 비춰 주는 기능) 기능이 있어서 작업이 더 쉽습니다.

아이디어는 어디에서 얻으시는 편인가요?

각 이모티콘 제작 시에 콘셉트를 주제로 잡고 다양한 종류의 이모티콘 제작을 시도하는 편인데요(주제에 맞는 메시지만 모아 만든 이모티콘 등). 콘셉트에 관한 생각은 일상생활, 주로 대화하다가 이런 게 있으면 좋겠다 싶을 때 얻고요. 캐릭터 위주의 이모티콘을 제작할 때는 일상생활에서 얻거나, 아니면 며칠 고민하며 다양한 스케치를 해 보고 그중에 적합한 것을 선택하여 제작합니다.

이모티콘 작업에 있어서 가장 중요한 요소가 있다면 무엇인가요?

미승인에도 좌절하지 않고 다음 제안을 준비하는 강인한 마음……!은 기본 소양이고요. 너무 자신만의 세계에 빠지지 않고, 다양한 시도와 표현을 해 보는 것?

한 이모티콘당 작업 기간은 어느 정도 소요되나요?

제안할 때는 아이디어를 떠올리고 정리하는 것까지 해서 1주일 정도 소요되는 것 같고요. 모션 작업에 소요되는 기간은 보통 이과티콘과 같이 작화가 간단한 경우 2주 내외, 메밀티콘처럼 캐릭터 작화가 복잡한 경우 1개월 정도 소요됩니다.

평소 작업은 어디에서 주로 하시나요?

집에서 데스크탑과 신티크 태블릿을 이용해서 작업합니다.

이모티콘 작가의 장점이 있다면 무엇인가요?

이모티콘 작업은 다른 일들에 비해 저의 순수한 창작 활동이 수익으로 이어지기 쉽다는 점이 가장 좋아요. 캐릭터, 웹툰 제작 등의 창작 활동은 저를 필요로 해주는 연재처를 찾지 않으면 수익을 내기가 쉽지 않은 데

비해, 이모티콘은 누구나 제안할 수 있고 창작물 그대로 수익을 낼 수 있으니까요. 그 외엔 작업 시간을 제가 원하는 대로 조정할 수 있다는 점이 좋습니다. 마감만 끝낸다면 평일에 여행을 갈 수 있다거나 하는 거요.

이모티콘으로 회사를 탈출한 키몽

지 은 이 | 키몽(김홍렬)

펴 낸 날 | 2020년 1월 25일 초판 1쇄

책임편집 | 김준균
펴 낸 이 | 차보현
펴 낸 곳 | ㈜연필
등   록 | 2017년 8월 31일 제2017-000009호
전   화 | 070-7566-6406
팩   스 | 0303-3444-7406
이 메 일 | bookhb@bookhb.com

ISBN 979-11-6276-542-5 03320